tredition®
www.tredition.de

AF204883

Janya Meier ist ein Pseudonym.
Ich hatte unglaubliche Angst, diesen autobiographischen Roman tatsächlich auf den Markt zu bringen, da diese Geschichte zum größten Teil der Wahrheit entspricht.
Ich habe es trotzdem gewagt, weil ich denke, dass diese Geschichten zum Nachdenken anregen, damit diese Dinge nicht noch weiteren Mädchen passieren.

Alle Namen in diesem Buch sind verändert. Orte werden keine genannt und die Geschichten zum größten Teil so verfremdet, sodass alle Ähnlichkeiten zu lebenden oder toten Personen rein zufällig sind!

Mein Ziel ist die Information darüber, dass solche Dinge passieren können.
Ich möchte mit diesem Buch niemanden beleidigen oder entehren.
Jeder Mensch hat das Recht auf ein Leben in Würde!

www.tredition.de

Ich widme dieses Buch allen jungen Frauen.

Janya Meier

Let's talk about fucking Sex

www.tredition.de

www.tredition.de

© 2016 Janya Meier

Verlag: tredition GmbH, Hamburg

ISBN

Paperback   978-3-7345-6795-7
Hardcover   978-3-7345-6796-4
e-Book   978-3-7345-6797-1

Printed in Germany

Inhaltsverzeichnis

Vorwort

L iebe Mädels.
Vergesst alles, was ihr bisher über Sex wisst oder glaubtet zu wissen!

Denn ich erzähle Euch die Wahrheit!

Ich bin 25 Jahre alt und seit 4 Jahren (endlich) glücklich vergeben.
Über meine Gesamtsituation kann ich nicht klagen.
Ich habe in zwei Jahren meine Ausbildung abgeschlossen und habe guten Sex.

Am Anfang war es zwar etwas mehr, aber durch einen stressigen Alltag baut wohl so jede Beziehung im Sexualleben ab.

Ich habe gerne Sex!
Und ich gebe es offen zu.

Doch all die Fantasien, die ich hatte, gingen nicht gut aus!
Sei es mein erstes Mal oder Sex an verschiedenen Orten...

Deshalb beende ich diesen modernen Kitsch und
erzähle vom wahren Leben,
von meinem Leben!

Nur, wer die Nerven dazu hat, sollte dieses Büchlein lesen!

Andere, die ihre Fantasien ausleben und diese nicht in Alpträume verwandeln wollen, sollten **jetzt** das Buchlein zur Seite legen!!!

Ich versuche weitestgehend am Ende eines jeden (Lebens-) Abschnittes einen kleinen Kommentar zu hinterlassen, als Ratschlag/Tipp für diejenigen, die (hoffentlich nicht) in so einer Situation sind oder kommen.

Die Telefonnummern, die ich erwähne, findet ihr am Ende des Buches.

Selbstbefriedigung

Es begann im Jahre 2004. Ich war zwölf Jahre alt und befriedigte mich das erste Mal selbst. Ich hatte in einer Zeitschrift gelesen, was das ist und wollte es mal ausprobieren. Da kam es mir recht, dass meine Eltern nicht da waren. Ich nahm ein Kissen und rieb meinen Unterleib daran. Da mir das gefiel machte ich weiter um nahm meine Hand hinzu. Unten wurde ich feucht und ich drang mit dem Finger in meine Scham ein.

Anfangs erzählte ich niemanden davon.

Erst mit 13 redete ich mit meiner Mutter darüber, weil sie mich erwischte. Sie kam abends immer nochmal in mein Zimmer, um mir eine „gute Nacht" zu wünschen. An dem Tag klopfte sie nur kurz und hatte die Tür schon geöffnet, bevor ich das Kissen wegzog.

Sie wunderte sich, warum ich denn schwitze und ob ich evtl. krank werde. Daraufhin erklärte ich ihr, was ich gerade getan hatte - natürlich nicht ohne knallrot zu werden.

Ich redete das erste Mal mit ihr über so etwas. Sie fand das ungewöhnlich früh, doch solange es mir Spaß machte, sollte ich es tun.

Inzwischen nahm ich kein Kissen mehr, sondern eine grüne Nackenrolle, da diese genau zwischen meine Schenkel passte.

Dann fuhren wir auf Klassenfahrt. Eine Woche Jugendherberge mit Fünfbettzimmern.
Es war die Hölle!
Ich ging in die 6. Klasse.

In meiner Klasse hatte ich keine Freunde. Keiner mochte mich, da ich immer nur „nervte". Ich wollte doch nur dabei sein, aber immer wenn ich zu jemanden hinging, ging dieser weg. Ich war das einzige Mädchen, das übrig blieb, als alle anderen schon ein Zimmer hatten und wurde in das verbliebene Zimmer eingeteilt.

Zu einem Mädchen, das mit mir im Zimmer war, fühlte ich mich besonders hingezogen. Sie war sehr schlank, hatte braune, lange Haare und haselnussbraune Augen. In der Klasse mochte sie jeder, sogar die Jungs fanden sie nett.

Ich bewunderte ihre taffe Art und ihr selbstbewusstes Auftreten. Ich wollte unbedingt mit ihr befreundet sein!

Ich hatte gelesen, dass man Freunden alles erzählt, also erzählte ich ihr auch viel über mich. Ich dachte, dass ich sie als Freundin bezeichnen durfte, wenn ich ihr alles von mir erzähle. Sie fand das sehr amüsant und lachte über meine Geschichten. Die anderen aus der Klasse wussten durch sie nun auch alles von mir und lachten mich aus. Mir war das sehr unangenehm. Ich wollte doch nur dazu gehören.

Mein Geheimnis mit der Nackenrolle erzählte ich ihr allerdings nicht.

Doch wie der Zufall es wollte, ahnte sie es. Ich hatte meine grüne Nackenrolle mitgenommen für den eigentlichen Zweck: zur Nackenstütze. Doch auf dem Bezug war ein weißer Fleck. Er kam nicht von meiner Scheide, sondern von weißer Schokolade, die ich zu Hause im Bett gemümmelt hatte. Das war damals eine meiner Lieblingsbeschäftigungen: Lesen und währenddessen Essen.

Durch den Fleck kam der Name *„Wichsrolle"* zustande.

Heimlich gefiel mir der Name, doch ich wurde damit nur aufgezogen, deswegen gab ich das nicht zu.

Ich wurde eh' nicht gemocht.

Und wie es so kam, wurde das Mädchen, mit dem ich unbedingt befreundet sein wollte, die mich so gehänselt hatte (*Wichsrolle*), trotzdem meine Freundin.

Sie wurde nach der 6. Klasse auf die Realschule gestuft, weil sie den Unterrichtsstoff scheinbar nicht schaffte. Das hätte ich damals gar nicht von ihr erwartet. So ein tolles Mädchen hat auch Schwächen. Das war für mich erstaunlich und neu.

Da sie nun nicht mehr von meinen Klassenkameraden beeinflusst war, meldete sie sich bei mir und wir trafen uns nach der Schule. Erst heimlich, doch als sie merkte, dass ich keine „Langweilerin" war, auch öffentlich. Sie wurde meine „beste Freundin".

Liebe Mädels,

Als erstes solltet ihr ein offenes Verhältnis zu euren Eltern haben. Klar, ich wollte das meiner Mutter nicht freiwillig erzählen, weil mir das peinlich war, aber als ich dann ganz ruhig mit ihr reden konnte, war das gar nicht so peinlich wie erwartet. Meine Mutter war da sehr verständnisvoll und offen. Ich glaube, dass eure Eltern da genauso gut mit umgehen können – sie waren schließlich auch mal jung ;-)

Also: Es ist gar nicht so schlimm „erwischt" zu werden, trotzdem solltet ihr dies vermeiden.

Ich habe anschließend mit meiner Mutter ausgemacht, dass sie meine Zimmertür erst öffnen darf, wenn sie eine Antwort nach dem Klopfen erhält. So erwischte sie mich nicht mehr.

Als zweites: Lasst euch nicht mobben! Ihr seid toll, so wie ihr seid! Wenn es zu schlimm wird, haben die meisten Schulen *Sozialarbeiter.* Ihr könnt mit denen über eure Probleme reden. Sie hören euch zu und veranlassen ein klärendes Gespräch mit den „Mobbern". Ihr braucht da keine Angst zu haben, was Falsches zu sagen, denn diese Menschen sind dafür ausgebildet, alles zu eurem Gunsten zu klären. Und auch, wenn ihr kein Gespräch, sondern Tipps haben wollt, wie ihr mit der Situation umgehen könnt, sind sie für euch da!

Der erste Kuss

Täglich traf ich mich nach der Schule mit meiner „besten Freundin". Ich lernte neue Leute kennen, fing durch Gruppenzwang mit dem Rauchen an und ich wurde auch viel kontaktfreudiger!
Vielleicht zu kontaktfreudig!

Meinen ersten Kuss stellte ich mir sehr romantisch vor...

Ich träumte davon einen Freund zu haben, den ich liebte und der mich liebte. Ich malte mir aus, wie wir im Sommer zusammen auf einer Wiese liegen und uns lange in die Augen sehen. Dann kommen unsere Lippen näher zusammen, bis sie sich treffen.
Durch eine Zeitschrift für Jugendliche wusste ich, dass sich beim Küssen die Zungen berührten. Und so stellte ich es mir vor: Erst vorsichtig und zärtlich, dann ein wenig wilder und leidenschaftlicher. So, dass man Lust auf mehr bekommt...

Aber das ist Fantasie.
Wer den ersten Kuss so oder so ähnlich erlebt hat, dem gratuliere ich ganz recht herzlich und wünsche weiterhin so tolle Küsse!

Mein erster Kuss war die Hölle!

Durch meine oben genannte „beste Freundin" lernte ich auch meinen ersten Freund kennen. Da ich im Gegensatz zu meiner „besten Freundin" nicht besonders hübsch war, pummelig und klein, nahm ich den Erstbesten. Ich war zwölf, er 14. Sein Name war Roland.

Nach drei Tagen Kennenlernen kamen wir „zusammen".

Ganz stolz erzählte ich meiner einzigen verbliebenen Freundin aus der Grundschule davon.

Als wir, mein „Freund" und ich, uns vor der Schule trafen, begrüßten wir uns mit einer Umarmung und gingen, drei Meter Platz zwischen uns lassend, von meiner Grundschulfreundin weg. Er wollte mich küssen, doch ich wollte nicht.

Er beließ es bei einem Bussi und wir sahen uns erst mal einen Tag nicht.

Am dritten Beziehungstag fuhr ich mit dem Fahrrad zu ihm. Wir gingen Händchen haltend mit seinem Hund spazieren.

In der Nähe von seinem Wohnort war ein Grüngürtel mit einem kleinen Spielplatz. Dort zog er mich, unter dem Vorwand, dass sein Hund was gesehen hatte, ins Gebüsch.

Ich hatte Angst, denn ich wusste, dass er mich küssen wollte. Ich war allerdings noch nicht bereit dazu! Ich kannte ihn ja gerade mal sechs Tage! Er kam auf mich zu und steckte mit aller Gewalt seine Zunge in meinem Hals. Es war ekelhaft. Ich wehrte mich und er ließ von mir ab. „Is doch gar nicht so schlimm", sagte er. Ich ekelte mich. Und ich schämte mich, so etwas Intimes, was eigentlich ins

Erwachsenenleben gehörte, getan zu haben.

Um zu demonstrieren wie man mit Zunge küsst, zeigte er mir an seinem Hund, wie man „richtig" küsst. Er streckte seinem Hund die Zunge raus und der Hund leckte sie ab.

„So macht man das", sagte er. „Und nun zu dir."

Ich stand stocksteif, starr vor Angst, während er auf mich zu kam.

Er leckte in meinem Mund herum. Mal fuhr er Karussell, mal ahmte er „Lassie" nach oder versuchte meinen Gaumen zu erreichen. Ekelhaft. Ich ließ ihn machen. Ich hatte Angst.

Als alles vorbei war, fuhr ich so schnell ich konnte nach Hause, putzte mir dreimal gründlich die Zähne und rief meine „beste Freundin" an, um ihr alles zu erzählen.

Sie ekelte sich - genauso wie ich mich - darüber und am Abend bekam ich eine SMS: „Es ist aus!"

Ein Appell an alle jungen Mädchen:
Wenn ihr etwas nicht wollt, dann tut es nicht!
Gerade an öffentlichen Plätzen gibt es genügend Möglichkeiten auf sich aufmerksam zu machen. Seid nicht so gutgläubig wie ich damals.
Hört auf euer Bauchgefühl!
Wenn euch eine Situation komisch vorkommt und euer Bauchgefühl sagt: „Lauf weg", dann tut es! Ihr könnt zum Beispiel sagen, dass ihr euch noch mit jemand anderem verabredet habt oder ihr „pünktlich zum Essen zu Hause sein müsst"... Ausreden gibt es viele und sind in dieser Situation auch erlaubt.

Eine andere Möglichkeit wäre, dass ihr mit der Person, die euch Unbehagen bereitet, redet. Tut dies aber am besten niemals alleine, sondern nehmt eine Freundin mit.

Solltet ihr doch in so eine Situation kommen, brecht den Kontakt mit dem Menschen ab, der euch gezwungen hat, etwas zu tun, was ihr nicht wolltet! Je nach dem, was dieser Mensch von euch verlangt hat, könnt ihr bei der Polizei beantragen, dass sich diese Person euch nicht mehr nähern darf (Dazu braucht ihr den Vor- und Nachnamen der Person).

„Flaschendrehen"

Schnell verdaute ich die Sache mit meinem „ersten Freund". Nicht aber, dass genau dieser Kerl mich zwang mit ihm und seinem dreizehnjährigen Bruder „Flaschendrehen" zu spielen.

Mit ausziehen!

Ein paar Tage später rief Roland mich an, er habe sturmfrei und möchte mit mir reden. Ich bejahte, denn es sprach ja nichts gegen eine normale Freundschaft. Also fuhr ich mit dem Fahrrad zu ihm. Ich klingelte und er ließ mich herein. Sein Zimmer war ein umgebauter Dachboden. Ich ging die Treppen hoch und betrat sein Zimmer. Dort saß sein zwölfjähriger Bruder auf dem Boden. Ich wunderte mich, ging aber dennoch hinein. Sobald ich im Zimmer war, schloss Roland, mein „erster Freund", die Tür hinter mir ab.

Postwendend setzte bei mir die Angst ein.

Roland signalisierte mir, dass ich mich setzen solle. Wie im Trance setzte ich mich auf den Boden. Roland setzte sich neben mich und grinste breit. Er nahm eine leere Flasche, die auf dem Schreibtisch lag und stellte folgende Regel auf:

„Auf wen die Flasche zeigt,
muss ein Teil ausziehen."

Schlussendlich saßen wir alle nackt da. Mit jedem Stück Kleidung, das ich ausziehen musste, wurde meine Angst größer und auch mein Schamgefühl schrie. Vor allem als ich zum ersten Mal in meinem Leben einen erigierten Penis sah. Nein, eigentlich zwei, aber mein Augenmerk war bei Roland. Ich schrie in Gedanken auf, als ich daran dachte, was ich einmal gelesen hatte. So ein Ding soll zwischen die Beine einer Frau passen? Ein Koloss im Vergleich zu meinem dicken, kleinen Finger.

Dann ging alles sehr schnell. Roland wollte fummeln, doch ich protestierte so heftig, dass er schnell von seinen Gedanken abkam.

Stattdessen sollte von jedem ein Foto geschossen werden. Ich ergab mich. Roland war stark und er hatte den Schlüssel, der mich befreite. Ich konnte ja schlecht aus dem Dachfenster springen, dass eh viel zu hoch war um herauszuklettern.

Und meine Angst war so groß, dass ich alles mit mir machen ließ. So wurden drei Fotos geschossen. Von Roland, von mir und von Rolands Bruder.

Ein Ganzkörperbild und das nackt. Roland druckte mein Bild aus und guckte dann sogar, wie ich von unten aussehe.

Ich schämte mich, aber ich war vor Angst wie gelähmt. Ich konnte nichts tun. Als die beiden mich fertig begafft hatten, durfte ich mich anziehen. Roland schloss die Tür auf und gab mir das Foto. Endlich wieder frei!

Ich flüchtete zu meiner „besten Freundin".

Ich zeigte ihr das Bild, das Roland mir als „Erinnerung" ausgedruckt hatte und sie war genauso geschockt wie ich. Sie sagte, ich solle erst einmal nach Hause fahren, mich beruhigen und morgen weitersehen. Ich erzählte sonst niemandem davon, weil ich mich so sehr schämte.

Am dritten Tag kam der Knüller: Die ganze Realschule, die direkt neben dem Gymnasium lag, auf das ich ging, hatte mich nackt gesehen!
Roland hatte das Foto, auf dem ich nackt zu sehen war, ausgedruckt und überall in der Realschule aufgehängt!
Auch ein paar Leute aus meiner Schule wussten davon und lachten mich aus.
Nach der Schule merkte meine Mutter, dass es mir schlecht ging. Sie fragte mich aus und ich erzählte ihr alles.
Die Folge: Strafanzeige, da Roland ja schon 14 war. Das Bild löschte die Polizei vom PC und alles wurde wieder gut. Den Kontakt mit Roland brach ich selbstverständlich ab!
Es kursieren zwar immer noch Gerüchte, dass dieses Bild noch existiert, aber durch meinen Umzug und gelegentlicher Internetrecherche, bin ich weitestgehend sicher.

Liebe Mädels. Ich hoffe, dass ihr nie in so eine Situation kommt!

Auch hier wieder mein Rat: Hört auf euer Bauchgefühl! Wenn ihr euch unwohl fühlt oder euch etwas komisch vorkommt: Geht!

Und noch ein Tipp: sollte euch so etwas passieren und ihr könnt euch vor Angst nicht wehren, ruft direkt im Anschluss die Polizei und erstellt Anzeige! Damit, wenn solche Fotos gemacht wurden, sofort jemand kommen kann, um dies zu löschen. Wartet nicht lange, sondern sucht euch schnell Hilfe!

Zudem kann es sinnvoll sein, sich in psychologische Behandlung zu begeben. Dazu müsst ihr bereit sein, über das Geschehen zu reden. Häufig fragt die Polizei, ob ihr einen Seelsorger benötigt, bejaht ihr dies, dann bekommt ihr die Möglichkeit eines Gesprächs.

Macht euch auf jeden Fall keine Selbstvorwürfe. Ihr konntet nicht anders als so zu handeln und das ist so. Ihr habt keine Schuld!

Und, auch wenn eure Klassenkameraden erst mal darüber reden, legt sich dieses Gesprächsthema auch nach einer Weile. Macht euch keine Sorgen darüber, dass euch das ein Leben lang verfolgen könnte.

Mein erster „richtiger Freund"

Tage, bzw. Monate, später traf ich Derick. Ich kannte ihn flüchtig durch meine Oma, die in einem Imbiss arbeitete und er war dort Gast. Damals gefiel er mir schon, er war etwas größer als ich, hatte kurze Haare und blaue Augen. Seine Figur war sportlich und seine Kleidung lässig. Ich fand ihn sehr anziehend und sprach ihn an, aber er ließ mich abblitzen.

Als ich ein Jahr später wieder in den Imbiss kam, traf ich ihn wieder und wir verstanden uns plötzlich super! Er war 14 und ich 13. Ich verknallte mich sofort in ihn und auch er schien nicht abgeneigt.

Wir kamen uns näher und diesmal wollte ich küssen. Ich war bereit dazu. Nach ein paar Tagen, an denen wir uns trafen, um durch das Dorf zu spazieren und heimlich eine Zigarette zu paffen, war es dann so weit. Ich ging das erste Mal mit ihm nach Hause und dort setzten wir uns auf das Sofa. Seine Eltern waren nicht da und wir guckten gemeinsam Fernsehen. In der Werbepause schauten wir uns in die Augen. Der Fernseher wurde total unwichtig, es zählten in diesem Moment nur wir beide. Unsere Lippen kamen näher und wir küssten uns. Sogar mit Zunge. Es war erregend! Die Küsse machten Lust auf mehr, aber dafür waren wir beide nicht bereit. Ich genoss die Küsse in vollen Zügen.

Später erzählte ich ihm von meiner „besten Freundin" und wollte, dass er sie kennenlernt und umgekehrt. Ich sagte aber: „Ich habe auch ein wenig Angst davor, wenn ihr euch kennen lernt, denn sie sieht besser aus als ich."

'Verlieb dich nicht in sie!', fügte ich in Gedanken noch hinzu.

Sie war das Gegenteil von mir. Sie legte enorm viel Wert auf ihr Äußeres, war schlank, hatte lange braune Haare und sehr reine Haut. Ich hingegen war pummelig (auch wenn der Babyspeck so langsam schwand), hatte blonde Locken und hatte viele Pickel. Zudem trug ich eine Zahnspange...

Vier Tage später stellte ich sie ihm vor. Wir trafen uns auf der Kirmes und tranken eine Limo zusammen.

Die beiden schienen sich auf Anhieb gut zu verstehen. Sie lachten sehr viel gemeinsam und ich war sehr eifersüchtig, weshalb ich mich in dem Gespräch zurück hielt. Ich beobachtete lieber Derick, wie er mit meiner „besten Freundin" umging. Er war freundlich und höflich, so wie er es zu mir auch war. Aber ich dachte, dass er sich in sie verliebte.

Am Nachmittag, als meine „beste Freundin" gegangen war, sagte er: „Die war aber nett"

Ich war wütend, aber ließ mir nichts anmerken, da ich keinen Streit wollte.

Dann sahen wir uns erst einmal einen Tag nicht.

Nach sechs Tagen wollte er dann unbedingt zu ihr. An diesen Tag erinnere ich mich noch ganz genau. Ich hatte geplant, dass wir über die

Kirmes und dann zu mir gehen, um uns einen schönen Tag zu machen.

Wir gingen auch auf die Kirmes und anschließend zu mir, doch anstatt zu kuscheln, wollte er ein Bier haben und in Ruhe auf dem Balkon sitzen. Ich brachte ihm ein Bier und wir rauchten eine Zigarette zusammen. Es war der erste Tag an dem ich „auf Lunge" rauchte. Danach gingen wir wieder auf die Kirmes.

Er bat mich erneut, meine „beste Freundin" anzurufen, damit wir uns treffen können, doch ich wollte mit ihm allein einen schönen Tag verbringen. Einen „Pärchentag". Wir stritten uns so heftig, dass er sagte: „Dann mach doch Schluss", doch ich verneinte, da ich ihn doch gern hatte. Ich war total geschockt, wie er so etwas sagen konnte!

„Na, dann mach ich es.", sagte er und ließ mich stehen.

Das war dann das Aus. Er hatte sich tatsächlich in meine „beste Freundin" verliebt. Sie ließ ihn allerdings abblitzen.

Was lernt man daraus?

Sage deinem Freund niemals, dass andere besser sind als du, sondern steh zu dir und mache ihm bewusst, dass <u>du</u> besser bist als jede andere! Und, dass er sich glücklich schätzen soll, so ein tolles Mädchen wie dich an seiner Seite zu haben. Lass ihn spüren, dass du toll und schön bist. Sei du selbst.

Schließlich hat er sich in dich verliebt, also findet er dich auch toll. Und zwar so, wie du bist.

Es ist egal, wenn du dabei etwas arrogant rüber kommst. Aber er sollte dich ja deinetwegen lieben und nicht, um andere Mädels kennen zu lernen!

Das erste Mal

Anschließend hatte ich viel Ruhe. Die Zeit nach Derick verlief, bis auf ein paar unglückliche Knutschereien, ereignislos. Bis ich 14 Jahre alt war....

Ich ging mit meiner „besten Freundin" auf ein Fest. Dort sahen wir zwei nette Kerle und flirteten mit ihnen. Zu einem fühlte ich mich hingezogen. Er hatte kurze, blonde Haare, blaue Augen und war sehr schlank. Zudem war er sehr nett. Wir fuhren gemeinsam Autoskooter und er brachte mich nach Hause. Alleine!

Auf dem Heimweg erfuhr ich mehr von ihm. Er war 26 Jahre alt und hatte wegen eines Drogendeliktes fünf Jahre im Knast gesessen. Schluck! Nein! So ein Kerl war im Knast gewesen?! Der war doch voll nett und süß!

Diese Naivität sollte ich mal ganz dringend ablegen! Das rate ich euch allen!

Er brachte mich nun nach Hause und ich erzählte meiner Mutter davon. Sie war geschockt und ich dummes Naivchen konnte ihre Reaktion gar nicht verstehen! Ich hielt an Raphael, so hieß der Typ, fest. Zu schnell fand ich Vertrauen zu ihm und er zu mir. Ich nahm ihn selbstverständlich in Schutz!

Heimlich traf ich mich mit ihm und zwei Wochen später hatte ich mein erstes Mal.

Gefühlvoll sollte es sein und zärtlich.

Ich träumte von einem großen Doppelbett, davon, dass man sich gegenseitig langsam auszieht und das beide gleichzeitig den Höhepunkt erreichen. Man sollte in einer Beziehung sein und für beide sollte es das erste Mal intimer werden. Ganz romantisch stellte ich mir vor, dass das Licht gedämmt ist und aus Kuscheln und Petting mehr wird. Beide sollten Lust verspüren und in der Luft sollte ein Knistern zu spüren sein!

Doch das Leben ist kein Traum!

Mein erstes Mal sah ganz anders aus. Ich fuhr mit dem Fahrrad ca. 10 km zu Raphaels Wohnung. Dort kam er gerade von der Arbeit nach Hause. Er roch nach Schweiß und Müll, denn er arbeitete als Müllmann.

Während er duschte, guckte ich fern und hörte Musik. Als er fertig war, stand er in Boxershorts vor mir und ich zog ihn an mich heran. Er machte den Fernseher aus und stellte die Musik lauter.

Hardcore Techno mit dickem Bass.

Ich kuschelte mich an ihn und wir küssten uns. Als das Verlangen in mir größer wurde, fragte ich ihn nach Kondomen. Er schaute mich aus einer Mischung von Verblüffung und Erschrockenheit an, aber holte dennoch eine Kondompackung aus dem Schrank. Ich wählte ein Kondom mit Bananengeschmack und prüfte den Geschmack, nachdem ich das Gummi über seinen Penis gestülpt hatte. Es schmeckte mehr nach Chemie als nach Banane, aber ich merkte, dass ihm das gefiel und er die Berührung meiner Lippen an seinem harten Glied genoss. Ich mochte es, ihn zu erregen, das machte mich selbst an. Dann legte ich mich auf den Rücken und Raphael fragte bestimmt 10 Mal, ob ich das denn wirklich wolle. Ich bejahte und zog ihn enger an mich heran. Dann drang er mit seinem Penis in mich ein. Ein Schmerz durchzog meinen Unterleib, doch nach ca. einer Minute ging es und ich gewöhnte mich an die harten Stöße, die im Takt des Basses in mich stießen. Ich entwickelte sogar selbst einen Takt, der auch für mich von Nutzen war. Ihm gefiel es und mir auch. Es war eine neue und relativ schöne Erfahrung. Doch lange bevor ich kam, erreichte er den Höhepunkt und verschwand auf der Toilette.

Super! Ich dachte, wir kuscheln noch, aber der werte Herr ging sofort ins Bad.

Noch ein zerplatzter Traum. Noch eine Lüge, die ich gelesen hatte. Naja, zumindest war er nicht sofort eingeschlafen.

Ich fuhr nach Hause und bekam mächtig Ärger.
Im Nachhinein denke ich, dass ich aus Trotz mit Raphael geschlafen habe. Zum einen, um mich gegen den Willen meiner Eltern zu stellen und zum anderen, weil meine Frauenärztin mir nicht die Pille verschrieben hatte. Laut Akte, die ich heimlich las, war ich zu *unreif.* Später habe ich die Praxis auch gewechselt, weil mir die Frau zu unsympathisch war. Jetzt bin ich bei einem männlichen Arzt, der sein Handwerk wirklich super beherrscht und daher gehe ich jetzt auch gerne zum Frauenarzt!

Daraufhin bekam ich die Pille doch und meine Eltern versuchten alles, um mich von Raphael zu trennen. Erst versuchten sie sich bei mir einzuschleimen. Sie erlaubten mir auf dem Balkon zu rauchen. Dann riefen sie meine „beste Freundin" an, damit sie mit mir redete. Als das alles nicht funktionierte, versuchten sie es mit Strafen: Fernsehverbot, Computerverbot, Hausarrest und und und... Dennoch fand ich immer neue Wege, ihnen zu entkommen und mich mit Raphael zu treffen.

Das war der Anfang meiner Pubertät und gleichzeitig das Ende meiner Kindheit...

Hey Mädels.

Tipp Nummer eins: Wenn ihr zum Frauenarzt geht, achtet auf den ersten Eindruck: Wie fühlt ihr euch bei diesem Arzt/dieser Ärztin? Nimmt er/sie euch ernst? Eine Frau muss nicht immer die beste Wahl sein. Auch ein Mann kann ein guter Frauenarzt sein.

Tipp Nummer zwei: Wartet mit dem ersten Mal bis ihr euch wirklich sicher seid. Klar, wenn ein gut aussehender Typ euch anmacht und ihr erregt seid, kann dies schnell zum Sex führen, aber hört in euch hinein: Ist es der richtige Zeitpunkt oder der richtige Mann? Warum will ich unbedingt mit diesem Kerl Sex haben?

Tipp Nummer drei: Klar, auf alten Eseln lernt man das Reiten, aber ist ein über 10 Jahre älterer Kerl wirklich der Richtige für euch?

Und zuletzt: Ihr seid schön so, wie ihr seid! Ihr müsst euch nicht vor eurem Spiegelbild schämen.

Ein anderer Ort I

Lügen war zu der Zeit bei mir an der Tagesordnung. Unter dem Vorwand, ich treffe mich mit einigen Freundinnen *ohne* Raphael zum Billard spielen, durfte ich, einen Tag nach meinem ersten Mal, raus. Ich ging zum Billardcafé und traf mich dort mit ein paar Bekannten *und* Raphael. Wir spielten Billard und da mir die gestrige Erfahrung mit meinem ersten Mal doch recht gut gefallen hatte, verzog ich mich mit ihm auf die Herrentoilette. Es war furchtbar eng und es stank in der kleinen Kabine. Die Aufregung *ES* an einem anderen Ort zu tun war zwar da, aber es machte mir nur halb so viel Spaß wie bei Raphael auf dem Sofa. Als er endlich fertig war, war ich froh, wieder zu den anderen zu gehen. Ich ging vor, er kam nach.

Sex auf einer Toilette ist wirklich keine Erfahrung, die man machen muss!

Nach einer weiteren Billardrunde musste ich nach Hause. Dort war noch Frieden. Zwar war das Verhältnis zwischen meiner Mutter und mir immer noch gespalten, aber es gab kaum Ärger, außer darüber, dass ich 15 Minuten zu spät zu Hause war.Der richtige Ärger kam ein paar Tage später! Der Sohn des Nachbarn war auch in dem Billardcafé gewesen und ist zur Toilette gegangen, als ich mit Raphael dran war. Und da unser Nachbarsohn nichts Besseres zu tun hatte, als es seinem Vater zu erzählen, wusste auch meine Mutter alsbald Bescheid!

Alle Register wurden gezogen und ich wurde streng überwacht. Ich hatte Hausarrest, durfte nur noch zur Schule raus gehen und wenn ich mal außerhalb der Schule raus durfte, dann nur zu meiner „besten Freundin" nach Hause – mit vorheriger Absprache mit deren Mutter.

Und trotzdem fand ich einen Tag, Raphael wiederzusehen. Wie und wann ich das gemacht habe, weiß ich nicht mehr. Ich weiß nur, dass es das erste Mal war, bei dem ich Sex im Bett hatte. Aber auch dieser Sex gefiel mir nicht. Das Bett stand neben einem Spiegel und eine Bettdecke hielt Raphael für „nicht notwendig". So konnte ich den Akt mühelos im Spiegel beobachten. Und da ich, wie fast jedes Mädchen in dem Alter, Probleme mit meiner Figur hatte, fühlte ich mich gar nicht wohl und mein Blick wanderte immer zu meinen Speckröllchen im Spiegel.

Nach dieser Aktion sah ich Raphael nur noch zwei Mal innerhalb von einem Jahr. Einmal heimlich. Ich sagte zu meinen Eltern, dass ich ins gegenüberliegende Jugendzentrum gehen wollte, aber traf mich in Wirklichkeit mit ihm an einem Weiher in unserer Stadt. Doch meine Eltern kamen mir auf die Schliche. Sie spionierten mir nach und rissen mich von dem Mann weg. Von dort aus ging es direkt zur Polizei und meine Eltern fanden keine andere Lösung mehr als eine einstweilige Verfügung gegen Raphael einzuklagen. Seit diesem Tag durfte er mir nicht näher als 50 Meter kommen. Da hatte ich meinen ersten kleineren „Liebeskummer".

Doch der verging, denn ich lernte ein paar Wochen später im Internet einen Jungen in meinem Alter kennen. Ich war immer noch 14 und er 16. Im Internet verstanden wir uns super. Sein Name war Steffen.

Drei Wochen nachdem wir fast täglich geschrieben hatten, trafen wir uns auf der Sommerkirmes. Es lief super. Wir fuhren gemeinsam auf den Fahrgeschäften, tranken eine Cola zusammen und lachten sehr viel. Er war etwas schüchtern, weshalb ich fast die ganze Zeit über wie ein Wasserfall redete, aber er schien mir aufmerksam zuzuhören.

Bis ich Raphael wiedersah.

Alle Gefühle für ihn kamen wieder hoch und ich ließ Steffen, meine Bekanntschaft, einfach stehen, um mit Raphael zu reden. Eine sehr unschöne Geste, denn, wie ich im Nachhinein feststellen musste, war Steffen Hals über Kopf in mich verknallt. Das war mir zu dem Zeitpunkt aber egal. Im Nachhinein tut Steffen mir immer noch Leid, der arme Kerl! Aber Raphael war mir zu der Zeit wichtiger. Er erzählte mir von der einstweiligen Verfügung und, dass wir uns nicht mehr sehen können, egal, wie schwer es fällt. Er gab mir einen Kuss und ging. Da saß ich nun, ganz allein am Weiher. Steffen war gegangen, Raphael war weg und mit meiner „besten Freundin" hatte ich kaum noch Kontakt, weil ich so selten raus durfte. Aber die Suppe hatte ich mir selbst eingebrockt! Die muss ich jetzt alleine auslöffeln. Aber wie sagt man so schön?

Zeit heilt alle Wunden !

Liebe Mädels,

solltet ihr einmal einen Jungen im Internet kennen lernen und ihr versteht euch, trefft euch unbedingt die ersten Male an einem öffentlichen Ort, so wie ich es mit Steffen tat.

Ihr könnt nie wissen, ob derjenige auch wirklich der ist, für den er sich ausgibt.

Leider ist das Internet heutzutage auch von Kriminellen durchsetzt. Es gibt erwachsene Männer, die sich als Jungs in eurem Alter ausgeben („Cyber-Grooming" nennt sich diese Art der Kriminalität). Was diese Männer dann von euch verlangen, möchte ich mir nicht ausmalen. Bitte, seid wachsam! Solltet ihr im Internet jemanden kennen lernen und euch treffen wollen, dann nur an einem Ort, an dem viele andere Menschen sind. Lasst euch nicht an einsame Orte locken!

Tipp 2: Stellt am Anfang des Treffens klar, dass ihr nur eine Freundschaft wollt (wenn ihr mehr im Sinn habt, müsst ihr das nicht unbedingt sagen), dann ist die Enttäuschung von der anderen Seite nicht so groß.

Angst

Kaum waren 2 1/2 Monate vergangen, hatte ich Raphael so gut wie vergessen. Doch wie es so kommt, legt auch ein Hühnchen ein Ei nach dem anderen.

Der Knüller kam, als ich mit meinem Opa in die Kneipe ging, um Darts zu spielen. Ich lernte dort einen netten jungen Mann kennen. Da ich auch von Steffen nichts mehr gehört hatte - wir schrieben nur noch ein paar Mal bei ICQ - konnte ich getrost mein Leben leben. Er spielte ebenfalls Darts und so kamen wir ins Gespräch, spielten auch ein paar Runden und lachten viel. Er hieß Titus und war 23 Jahre alt. Er war ca. 1,70m groß, ein wenig pummelig, trug einen Dreitagebart und hatte kurzes Stoppelhaar. Seine Kleidung war bequem, Jogginghose und Pullover.

Ich verstand mich sehr gut mit ihm, hatte aber keine Lust auf eine Beziehung. 'Aber', dachte ich mir, 'eine Freundschaft mit einem Typen geht auch'. Wir tauschten Handynummern aus und verabredeten uns für den nächsten Tag.

Den Tag werde ich nie vergessen. An dem Tag hatte ich nicht viel Zeit, denn ich wollte mich noch mit Nadja treffen. Ich hatte sie auf der Kirmes kennen gelernt und verstand mich sehr gut mit ihr. Es schien sich eine Freundschaft zu entwickeln und da war ich sehr glücklich drüber. Es war Samstag und um 13.30 Uhr als ich mich mit Titus traf. Um 16 Uhr wollte ich mich mit Nadja treffen. Titus und ich trafen uns vor der Kneipe, doch sie hatte noch nicht geöffnet. Darum ging ich, naiv und vertrauensvoll wie ich war, mit zu ihm. Er machte den Fernseher an, allerdings ohne Ton. Über seine Stereoanlage lief „Lanza", eine illegale Neonaziband. Er war durch und durch rechts! Warum war mir das gestern nicht aufgefallen? Er hatte sogar eine Bombe aus dem zweiten Weltkrieg in seinem Zimmer stehen: „So was findet man beim Bau. Ich hab sie einfach mitgenommen" 'Oh großer Gott, wenn es dich gibt: Ich flehe dich an, heil von diesem Neonazi wegzukommen!' Solche Angst hatte ich noch nie in meinem ganzen Leben! Titus trank noch zwei Flaschen Bier und legte sich schlafen. Mein Blick war starr auf den Fernseher gerichtet und ich schwor mir, abzuhauen, sobald er eingeschlafen war! Doch plötzlich spürte ich etwas an meiner Hand. Titus hatte sie ergriffen und hielt sie eisern fest. Mist! Wie konnten schlafende Menschen solche Kraft entwickeln? Ich wollte flüchten, doch ich konnte mich nicht aus seinem Griff befreien. Ich zog erst langsam, dann heftig und kraftvoll, doch er war zu stark! Als hätte man mir Handschellen angelegt. Ich hatte panische Angst. Auch wenn ich jetzt noch an das Erlebnis denke, legt sich eine eisige Gänsehaut über meinen Körper. Und der Kerl *schlief*! Er schnarchte sogar, doch meine Hand blieb fest in seiner. Als hätte jemand sie festgeklebt. Scheiße! Aus lauter Panik hätte ich am liebsten geschrien, doch ich brachte nur ein leises Wimmern zustande. Meine Kehle war staubtrocken und ich hatte das Gefühl nicht mehr atmen zu können. Immer wieder starrte ich auf die Uhr oder versuchte mich zu befreien. Die Minuten schienen im Stundentakt vorüber zu ziehen. Das war schon keine Angst mehr. Das war viel schlimmer. Das war... Panik! Ich konnte keinen klaren Gedanken mehr fassen. Ich hatte lediglich den Fluchtinstinkt in mir. Was sollte ich tun? Wird er aufwachen, wenn ich gehe? Wird er mir vielleicht hinter herkommen? Schlimme Dinge mit mir anrichten? Wird er mich leben lassen? Meine Fantasie ging mit mir durch! Ich war geschockt, ängstlich und panisch und der Folterknecht lag auf dem Bett und hielt mich mit aller Gewalt davon ab zu flüchten! Plötzlich schoss mir ein Gedanke durch den Kopf: 'Handy!' Ich dachte nicht daran die Polizei anzurufen, aber Nadja. Ich kramte ziemlich umständlich mit meiner linken Hand in der rechten Hosentasche und holte mein Handy heraus. Ich wählte ihre Handynummer und wartete auf das Freizeichen. Nach zweimaligem Tuten hob sie ab: „Hallo Janya. Wie geht's dir?", fragte sie.

„Mm...` Ich versuchte mich zusammenzureißen. Schließlich kannte ich sie ja noch nicht so lange und helfen konnte sie mir auch nicht. Sie war ein sehr schlankes Mädchen und zu schwach. Sie war zwar genauso groß wie Titus, doch spindeldürr, hatte lange, braune Haare und haselnussbraune Augen. Aber ihre Schönheit würde in diesem Falle nicht helfen.

Traurig, aber gefasst sagte ich: „Ich hab dir doch von Titus erzählt?! Ich wollte mich heute mit ihm treffen und bin jetzt in seinem Zimmer und während er schläft hält er meine Hand so fest, dass ich mich nicht befreien kann. Ich habe Angst", gab ich kleinlaut zu. Die Antwort war Schweigen. Hat sie mich verstanden? Hat sie keinen Empfang? Habe ich keinen Empfang?

Nach endlos langen Sekunden sagte sie: „Dann wecke ihn auf und sag, dass du dich noch mit mir treffen wolltest. Jetzt. Beim Supermarkt! Dann muss er dich gehen lassen!" Leichter gesagt als getan. Ich hatte Angst ihn aufzuwecken, doch das sagte ich ihr nicht.

„Okay, dann bis nachher beim Supermarkt?", sagte ich.

„Ja, schreib mir 'ne SMS, wenn du raus bist."

Ich bejahte und legte auf. Ich seufzte. Okay, die Panik ist nicht mehr da, nur die Angst blieb. Ich atmete ein paar Mal tief ein und aus und versuchte mich zu beruhigen. Dann sagte ich mutig und laut: „Titus. Ich wollte noch zu einer Freundin. Ich muss jetzt gehen!"

Er grummelte etwas, das klang wie: „Du gehst nicht" und zog mich an sich heran. Vor Schock war ich wie gelähmt. Wie ein regloser Teddybär lag ich in seinem Arm. Ich konnte mich nicht bewegen und nichts sagen. Wie ein Reh im Lichtkegel eines Autos, lag ich stocksteif da, machtlos mich zu befreien. Die Panik war wieder da. Ich schloss die Augen und versuchte mich auf einen ruhigen Atem zu konzentrieren, aber das misslang. Mein Atem ging schnell und hektisch. Gott, hilf mir! Ich betete, weil ich keinen Ausweg sah. Hilf mir, Gott! Tränen der Angst liefen über meine Wangen. Ich will hier raus!

„Titus... Ich muss gehen!", stotterte ich wimmernd. Er lockerte seinen Griff und ich richtete mich wieder auf. Meine Hand hielt er immer noch fest. Ich zog, doch es war sinnlos. Er musste aufwachen! Egal wie.

„Titus. Eine Freundin wartet!", sagte ich ganz laut.

„Titus, bitte!", flehte ich. Endlich öffnete er seine Augen.

„Was ist?", sagte er mit einem bösen Grinsen.

Dieser Mann war gefährlich! Mit einem lauten Gähnen ließ er meine Hand los und streckte sich. Ich stand langsam auf. Solange ich in diesem Haus war, durfte ich meine Panik und meine Angst nicht zeigen. Das würde Titus nur zeigen, dass er die Macht über mich hatte. Er richtete sich auf und trank eine weitere Flasche Bier in einem Zug leer. Ich schluckte.

„Du auch?", grummelte er, aber ich schüttelte fassungslos den Kopf.

„Ich... Ich muss jetzt gehen.", sagte ich, als Titus sich eine neue Flasche Bier öffnete.

„Wieso?", fragte er lauernd. Er klang wie ein Bär, der lauernd auf Beute in der Höhle lag.

„Eine Freundin von mir wartet beim Supermarkt", sagte ich, meinen ganzen Mut zusammennehmend, damit meine Stimme fest klang.

„Okay. Soll ich dich fahren?"

Es war keine Frage. Es war eine Feststellung. Nachdem er das zweite Bier ausgetrunken hatte, gingen wir runter und er holte seinen Roller aus dem Schuppen. Er gab mir seinen Helm und er stieg ohne Helm auf. Ich zählte wie viel Biere er getrunken hatte, seit ich mit ihm unterwegs war. Es waren bestimmt sechs oder mehr. Er war auch schon leicht am schwanken, aber er traute sich zu mit dem Roller zu fahren. Eine neue Welle der Angst packte mich, als er fuhr. Zu Fuß war der Weg einfach, aber mit dem Roller und dazu noch angetrunken war der Weg sehr gefährlich. Die Garagen und der Schulhof waren ja kein Problem, aber die schmalen Gassen und Poller machten mir Sorgen. Denn er fuhr genau den Weg, den ein Fußgänger geht.

Ich klammerte mich ängstlich an ihm fest, was

anderes blieb mir ja nicht übrig und das schien er genau zu wissen. Während der Fahrt drehte er sich kurz um, grinste und rief fragend: „Angst?" Es war eigentlich keine Frage, sondern eine Feststellung. Mein Gott war ich froh, als wir endlich heile den Parkplatz des Supermarktes erreichten! Dem Himmel sei Dank! Meine Freundin wartete schon und Titus fing doch tatsächlich an, lieb und nett mit ihr zu flirten. Sie ließ sich das auch noch gefallen und sagte als er weg war: „Na, so schlimm war der doch gar nicht."

Das saß und der Satz ist mir bis heute in tief in Gedanken geblieben! Aber damit nicht genug. Ich habe längst mit Titus abgeschlossen, seine Nummer sofort gelöscht und kein Sterbenswörtchen darüber erzählt.

Nie!

Und niemandem!

Noch nicht einmal Nadja erzählte ich, was genau gelaufen ist. Er hat sich hingelegt, ich habe in aller Ruhe ferngesehen und nichts ist passiert. 'Gott sei dank', fügte ich in Gedanken hinzu. 'Siehst du denn nicht, dass ich den Schock meines Lebens hinter mir habe, Mädchen?' Aber das sah Nadja nicht. Sie kannte mich ja kaum...

Nach ein paar Wochen hatte ich das Erlebnis soweit verdrängt, dass mir andere Dinge wichtiger waren. Jungs waren für mich nur noch Freunde, auf keinen Fall mehr! Da sprach mich auf einmal meine Mutter an: „Hast du dich mit dem Sohn der Schwester unserer Nachbarin getroffen?" Ich rätselte. Ich wusste gar nicht, dass die einen Sohn hat.

„Wie heißt der denn?", fragte ich.

„Titus", erwiderte sie und ihre Tonlage verriet nichts Gutes. Aber ich habe gar nichts gemacht!

„Ja, vor ein paar Wochen habe ich mich einmal mit ihm getroffen.", sagte ich ehrlich und meine Mutter schien geschockt. Ihre Augen weiteten sich und ich konnte Enttäuschung, Wut und Zorn in ihnen erkennen. Aber was war denn? Ich habe nichts gemacht. Ich habe Angst vor ihm! Plötzlich schien meine Mutter die Sprache wiederzufinden. Beherrscht, damit die Nachbarn nichts mitbekommen, aber stinksauer, fragte meine Mutter (es klang eher wie eine Feststellung): „Und hast du dich nackt ausgezogen, dich neben ihn gelegt und wenn er nicht zu müde gewesen wäre, hätte er dich vögeln können?!"

Rums....

Bitte,
Waaaaaas?
Hallo? Ich habe gern Sex,
aber mit **DEM**?
Nein!!!
Guck mich doch mal an!
Wie lächerlich ist das denn?!

Mir kam es vor, als wäre eine Bombe explodiert. Meine Mutter glaubte das sogar! Sie war super sauer auf mich! Wie ungerecht!

„Nein", protestierte ich. Und sie glaubte mir nicht! Oder doch? Für eine kurze Zeit wurden ihre Augen ruhiger, aber dann sagte sie: „Und das soll ich dir glauben?!"

Fassungslos starrte ich sie an. Die ganze Erinnerung von diesem einen Tag kam hoch und ich begann zu weinen. All die Gefühle, die ich verdrängt hatte (Angst, Panik, Hilflosigkeit ...) kamen hoch und ich weinte. Meine Mutter sah sich in ihrer Vermutung bestätigt, sie schien aber auch bestürzt.

Ich versuchte ihr alles zu erzählen, aber sie hörte nur mit einem Ohr zu. Bis heute ist sie sich nicht sicher, ob sie mir glauben soll.

Liebe Mädels. Wenn ihr einen Typen gerade erst kennen gelernt habt, trefft euch mit ihm _öfter_ an einem einem öffentlichen Platz, geht niemals (egal, wie nett er scheint) mit ihm nach Hause!!!

Was lernt man daraus?

Traue keinem Fremden, der auch noch so sympathisch erscheint! Leichter gesagt als getan, aber findet erst einmal heraus, welche Hobbys und vor allen Dingen welche Einstellungen er hat!

Geruchsintensive Traumküsse

Arschlöcher gibt es viele. Doch ich möchte euch auch eine recht nette Erfahrung erzählen. Erinnert Ihr euch noch an meinen Traum vom ersten Kuss? Ich träumte von einer Wiese, von einem langen Blick in die Augen und davon, wie sich die Lippen treffen und dann ganz vorsichtig die Zungen berührten. Erst langsam, dann schnell?

Diesen sollte ich alsbald bekommen.

Es war Spätsommer. Um die letzten Sonnenstrahlen zu genießen, traf ich mich mit Tino, einem flüchtigen Bekannten aus dem Internet. Ich dachte mir, dass draußen im Park, in dem ständig Leute mit ihrem Hund spazierten, nichts passieren könnte. Zum Treffen brachte ich eine Picknickdecke und was zum Knabbern mit, er einen Ghettoblaster und Musik. An einem künstlich angelegtem See im Gewerbegebiet, saßen wir auf der Wiese und quatschten, alberten herum und verstanden uns gut. Er schien ein echt guter Kumpel zu werden, auch wenn er acht Jahre älter war als ich. Er war 22, ich 14. Und wie wir so auf der Wiese lagen, entstand eine gesprächsfreie Pause. Alles war still und friedlich. Ein leichter Wind wehte um die Bäume und streichelte angenehm meine Haut. Die Sonne schien und mir ging es super.

Die Blicke von Tino und mir kreuzten sich. Lange schauten wir uns an und unsere Gesichter kamen näher. Unsere Lippen trafen sich erst vorsichtig und dann öffneten wir beide den Mund und ließen unseren Zungen freien Lauf. Während dieses Tages passierte dies zweimal.

An und für sich waren die Küsse gut, doch nicht ganz so, wie im Traum. Dass wir keine Beziehung hatten und, dass wir uns nicht liebten, war ja nicht so schlimm, aber sein Mundgeruch ekelte mich. Vielleicht kam es durch das Zungenpiercing oder daher, dass er Knoblauch gegessen oder, weil er sich ganz einfach die Zähne nicht geputzt hatte, aber sein Geruch stieß mich total ab. Da ich bei solchen Dingen kein Blatt vor den Mund nahm, sprach ich ihn darauf an und er wusste ebenso wenig Rat wie ich.

Nun ja, im Grunde genommen war der Tag sehr schön, bis auf den Geruch eben. Wir begannen auch keine Beziehung, weil wir beide nichts voneinander wollten. Das waren eben nur diese beiden „Magischen Momente", die da kamen. Darüber haben wir geredet und es war beiden klar.

Endlich mal eine relativ schöne Situation von der ich Euch erzählen kann.

Hier habe ich auch was richtig gemacht: Ich habe mich mit ihm an einem <u>öffentlichen Platz</u> getroffen. Den Tipp kann ich euch nicht oft genug erzählen, weil er so enorm wichtig ist. Hätte ich in anderen Situationen daran gedacht, hätte sich vielleicht vieles vermeiden lassen.

Die Küsse mit Tino waren im gegenseitigen Einverständnis. Solltet ihr so etwas nicht wollen, könnt ihr schreien, um auf euch aufmerksam zu machen.

Die erste große Liebe

Bis auf die Geschichte mit Tino gab es noch einen Lichtblick in meinem Leben. Anfang des Jahres 2007. Ich war 15 und traf mich wieder mit Steffen. Es tat mir immer noch leid, was ich mit ihm abgezogen hatte und wir wollten uns noch eine Chance geben. Wir gingen ins Kino und anschließend essen. Noch am selben Tag kamen wir zusammen und ich muss ehrlich sagen: es war eine der schönsten Beziehungen, die ich je hatte!

Wir machten es uns zum Ritual, alle zwei Wochen ins Kino zu gehen und es war immer sehr schön. Ich wünschte, ich hätte mit ihm mein erstes Mal gehabt, denn er war wirklich lieb zu mir. Mit ihm konnte ich mir wirklich eine Zukunft vorstellen! Ich war bis über beide Ohren verknallt. Auch meine Eltern mochten ihn, obwohl er etwas schüchtern war und schwarze Gothickleidung trug.

Doch in der Beziehung beging ich einen schlimmen Fehler:

Es war Karneval, ich war gerade drei Wochen mit Steffen zusammen und an Altweiber ging es ihm nicht gut. Also war ich ohne ihn feiern. Mit einer Freundin, die ich in der Raucherecke der Schule kennengelernt hatte, ging ich nach der Schule auf den Markt. Wir tranken den Alkohol, den sie mitgebracht hatte. Das Trinken von Alkohol an Karneval war in unserer Stadt jedes Jahr üblich. Die Jugendlichen trafen sich an Altweiber alle auf dem Markt, um dort gemeinsam zu „saufen". Da war ich dann auch das erste Mal richtig betrunken. Als der Alkohol von meiner Freundin leer war, sprach ich einen Mann an, der vor einem vollen Kasten Bier stand.

„Hassu noch 'n Bier für unsss?", lallte ich.

„Ja, aber nur für einen Kuss", erwiderte er. Ich lachte.

„Tu' mia Leid, aba isch bin vergebn. Höchstensss für n Bussssi", sagte ich und küsste ihn auf die Wange. Er lächelte freundlich und wir begannen zu handeln.

„Also wenn schon auf dem Mund", insistierte er.

Ich zuckte die Schultern und küsste ihn auf dem Mund. Er öffnete seinen und wollte züngeln. Ich zuckte zurück.

„Tut mia Leid, aba isch bin vergeben", wiederholte ich.

Er grinste.

„Das is 'n Grund, aber kein Hindernis" Ich grinste zurück: „Nee, da musst du disch schon mit meiner Freundin abfinden." Diese grinste und da sie keinen Freund hatte und der junge Mann auch nicht allzu schlecht aussah, ließ sie sich darauf ein und wir bekamen unser Bier. Nachher sah ich die beiden knutschend abseits stehen. Und ich wurde mit einbezogen. Da ich zu viel getrunken hatte, ließ ich mich darauf ein.

Der Kerl bekam endlich seinen Kuss von mir, aber auch meine Freundin blieb nicht ohne. Gott, wie peinlich. Zu dritt küssten wir uns und kicherten. Die Zungen in der Mitte und drauf los. Als ich realisierte, was ich da tat – da ich betrunken war, dauerte das etwas länger – hatte ich ein sehr schlechtes Gewissen und trank noch mehr. Schwankend und verschwommen sehend, kam ich um 21 Uhr nach

Hause. Was für ein Tag! Wie sollte ich das Steffen erklären? So eine Scheiße! Ich fuhr am nächsten Tag direkt zu ihm, um ihm meine Schandtat zu beichten. Er nahm mich in den Arm und sagte: „Ist doch okay".

Ich war baff. So ein schlechtes Gewissen, so viele Tränen und das ist okay? Konnte er nicht wenigstens ein bisschen sauer sein? Aber dennoch war ich tierisch erleichtert. Vor lauter Glück ging ich ihm an die Wäsche. Und da er noch Jungfrau war, war ich sehr vorsichtig. Der Sex war sehr intensiv und gefühlvoll. Es war wunderbar. Wir passten echt gut zusammen.

Einige Tage nach seinem ersten Mal, hatten wir wieder unseren Kinotag. Er verließ den Film und ich ging ihm hinterher und verführte ihn auf der Toilette. Er war erstaunt, aber genoss es, als ich seine Hose öffnete und seinen Penis in den Mund nahm. Bevor er kam, machte ich mit der Hand weiter, sodass sein Sperma die Toilette traf. Bei weitem war es sauberer als in dem Billardcafé, aber ich wollte nicht allzu viel vom Film verpassen. Und diesmal wurden wir nicht erwischt!

Als Steffen und ich 1 ½ Monate zusammen waren, fuhren wir in die nächst größte Stadt und verbrachten einen schönen Tag. Abends wurde ich von heftigen Bauchschmerzen gequält und meine Mutter fuhr mich ins Krankenhaus. Blinddarm. Steffen kam jeden Tag für zig Stunden und durch seine Liebe war ich schon einen Tag nach der OP wieder fit. Ich hatte ihm sogar einen Liebesbeweis „gebuddelt". Am Abend nach der OP konnte ich nicht schlafen, ich wollte dringend eine Zigarette rauchen und hatte eine spontane Idee. Ich lieh mir einen Löffel von der Krankenschwester und ging die Treppen herunter. Im Park vor dem Krankenhaus sammelte ich weiße Steine und buddelte mit dem Löffel ein Herz aus, das ich dann mit den weißen Kieseln füllte. Danach konnte ich ruhig schlafen und am nächsten Tag Steffen zeigen, wie sehr ich ihn liebte. Im Nachhinein bin ich ganz schön froh, dass mein Körper das mitgemacht hat.

Nicht jeder kann, frisch operiert „Gartenarbeit" leisten.

Im Krankenhaus war dann auch noch eine witzige/peinliche Situation passiert. Da ich so gerne intimen Kontakt zu Steffen hatte, gingen wir gemeinsam auf die Toilette und schlossen ab. Da ich frisch operiert keinen Sex haben konnte, beließ ich es dabei, ihm einen runter zu holen. Kurz bevor er kam, hörten wir die Tür aufgehen und jemand rief meinen Namen. „Ich bin auf Toilette", rief ich. Für ihn war es vorbei. Ich spülte und verließ die Toilette. Meine Klassenlehrerin kam mich besuchen! Ausgerechnet jetzt. Steffen blieb auf der Toilette. Eine Stunde lang. Meine Lehrerin erkundigte sich nach meinem Befinden und schenkte mir ein tolles Jugendbuch, das wirklich interessant war! Wir redeten noch etwas, dann verabschiedete sie sich freundlich und Steffen konnte die Toilette endlich verlassen.

Nach fünf Tagen wurde ich aus dem Krankenhaus entlassen.

Alles war super. In der Liebe, in der Schule, einfach alles! Ich kann mich noch bis heute an den Tag erinnern, als ich aus meinem Traum erwachte. Es war im März 2007. Die Sonne schien zum ersten Mal im neuen Jahr und das Thermometer erreichte 26°C. In der Schule bekamen wir die Mathearbeit zurück und ich war das erste Mal Klassenbeste.

Und das, obwohl ich eine Woche, aufgrund des Krankenhausaufenthaltes, nicht da war. Am Nachmittag traf ich mich mit Steffen und hatte ausgezeichnete Laune! Das Leben hätte nicht besser laufen können: Die Sonne schien, ich war super in der Schule, Steffen war da, alles lief perfekt! Ich schwebte mehr als nur im 7. Himmel. Und als die Mutter von Steffen ihn abends abholte, machte dieser Mistkerl aus heiterem Himmel... Schluss.

Das war der Zeitpunkt, an dem ich meinen ersten Nervenzusammenbruch wegen einem Typen hatte. Ich sank auf die Knie und heulte, ohne auf meine Umgebung zu achten. Steffen ließ mich einfach stehen und ging. Vor der Haustür unseres Mehrfamilienhauses, brach ich zusammen. Ich rief immer wieder: „Nein!" und weinte ohne Unterbrechung. Ob mich Leute sahen, weiß ich nicht. Ich wollte nicht mehr. Ich war allein und dachte, dass ich wohl nie mehr so einen Menschen treffen würde. Es gab doch nur Steffen! Warum hat er Schluss gemacht? Diese Frage konnte mir keiner beantworten. Meine Mutter kam und schickte mich nach oben: „Reiß dich mal zusammen! Was sollen die Leute denn denken?!" Das war mir doch egal! Für mich zählte nur eins: 'Steffen hatte Schluss gemacht! Warum? Wir waren doch so glücklich!' Ich weiß nicht, wie ich die Woche nach diesem Tag überstanden hatte. Ich aß nichts mehr und weinte den ganzen Tag. Auch in der Schule war ich unkonzentriert und weinte. Meine Klassenkameraden fragten, was los sei, aber ich erzählte nichts. Sogar die Lehrer sprachen mich an. So am Boden war ich noch nie! Was konnte ein Mensch einem anderen antun? Wie viel Grausamkeit steckte in einem netten Menschen?

Im Nachhinein erfuhr ich, dass er psychische Probleme und trotz der Gefühle zu mir Schluss gemacht hatte (Depression: „Ich bin es nicht wert von einem netten Menschen geliebt zu werden") und was machte er, anstatt mir das zu sagen? Er erzählte mir (um mir die Trennung zu erleichtern), dass er wieder mit seiner Ex zusammen sei!

Danach wurde er schwul.

Allerdings konnte er sich damals nicht entscheiden, ob ihm Jungen oder Mädchen mehr antörnen.

Ende des Jahres 2007 gab ich ihm und unserer Beziehung noch eine Chance. Doch ich merkte, dass mein Vertrauen zu ihm weg war. Ich konnte keine Gefühle mehr für ihn empfinden! Mehr als Freundschaft konnte ich ihm nicht (mehr) bieten! Und er war sich dann auch sicher, dass er lieber mit Männern intimer werden wollte.

Nach dem Schock flüchtete ich mich ein Jahr lang in verschiedene Beziehungen: zweimal drei Wochen und einmal drei Monate...

Liebe Mädels,

ich weiß nicht, ob der Bruch in der Beziehung schon damals, als ich fremd geknutscht habe, da war. Ich kannte mich zu wenig mit Menschen aus. Dass er mir nicht von Anfang an von seinen psychischen Problemen erzählte, lässt allerdings darauf schließen, dass er zu wenig Vertrauen zu mir hatte.

Tipp 1: Seid vorsichtig mit Alkohol! Vor allem, wenn ihr in einer Beziehung seid und euer Freund nicht dabei ist. Man geht auch als treue Seele (wie ich eigentlich bin) sehr schnell fremd!

Tipp 2: Seid von Anfang an offen, wenn ihr euch auf eine Beziehung einlasst. Fragt euren Freund, wie es ihm geht oder ob er Probleme hat. Gebt ihm Halt und zeigt ihm, dass er euch vertrauen kann.

Tipp 3: Psychische Erkrankungen sind genauso ernst zu nehmen, wie körperliche Wehwehchen. Auch wenn man sie nicht sehen kann, sind sie trotzdem da und müssen ernst genommen werden! Zur Not müsst ihr euch Hilfe holen.
Zum Beispiel bei der *„Nummer gegen Kummer"*.

Tipp 4: Wenn ihr merkt, dass die psychische Erkrankung eures Freundes zu eurem Problem wird, sodass nur noch die Erkrankung von ihm im Vordergrund steht und ihr selbst daran verzweifelt, dann zieht rechtzeitig die Reißleine. Das klingt vielleicht böse, aber wenn ihr überfordert seid und euch selbst aufopfert für einen anderen Menschen, kann das dazu führen, dass ihr selbst krank werdet. Lasst es nicht so weit kommen! Holt euch Hilfe und wenn gar nichts mehr geht, dann geht.

Ein anderer Ort II

Ob alle Typen einen Schaden haben oder geriet immer nur ich an die Falschen? Im September 2007 traf ich Norbert und begann ein dreimonatiges Chaos. Es war auch das erste Mal seit Steffen, dass ich wieder Gefühle entwickelte. Doch auch das sollte schiefgehen. Er war ein halbes Jahr jünger als ich, somit waren wir beide 15, als wir uns kennen und lieben lernten. Auch er war Jungfrau vor mir.

Und die Beziehung lief ganz gut, auch wenn er knappe 16 km von mir entfernt wohnte. Mit meinem Mofa brauchte ich ein wenig mehr als eine halbe Stunde, um zu ihm zu kommen. Aber das war mir egal. Er sah recht gut aus – braune, schulterlange Locken, blaue Augen, ca. 1.75m groß und schlank – und ich mochte seine kindlich-sportliche Art den Leuten zu zeigen, was er konnte.

Einmal hatte ich Hausarrest, weil ich zu spät nach Hause kam. Als meine Eltern einkaufen waren, nahm ich meine Inliner und traf mich mit Norbert auf halber Strecke. Er kam mit dem Fahrrad. Als wir uns trafen, versteckten wir Fahrrad und Inliner in einem Gebüsch und spazierten durch ein Waldstück. Da alle Jagdhäuschen und Hochsitze abgeschlossen waren, liefen wir vom Weg ab, ins Innere des Waldes. Dort entdeckte ich ein längeres Seil. Um ihn zu ärgern, band ich ihn liegend an einen umgekippten Baumstamm fest und griff mit der Hand in seinen Schritt. Er stöhnte leise und das spornte mich an, seine Hose zu öffnen und ihn mit der Hand zu befriedigen. Dann stülpte ich ein Kondom über, das ich mitgenommen hatte und setzte mich auf ihn. Es war der schlechteste Sex meines Lebens! Die Rinde des Baumes kratzte mir mit jeder Bewegung die Beine auf und es war so unbequem, dass ich gar keine Lust mehr hatte. Außerdem war die Angst, erwischt zu werden, so übermächtig, das wir abbrachen. Auch ihm hatte es keinen Spaß gemacht. So zogen wir uns an, hingen das gebrauchte Kondom demonstrativ an einem Zweig und gingen, als wäre nichts gewesen, zurück zu unseren Transportmitteln.

Wir verabschiedeten uns voneinander und fuhren nach Hause. Meine Eltern waren noch nicht vom Einkaufen zurück. Welch ein Glück!

Und doch erfuhr meine Mutter davon, da sie mir einige der 95 (!) Mückenstiche, die ich mir im Wald zugezogen hatte, einreiben musste, da ich sie nicht erreichen konnte. Ich hatte sie überall dort, wo freie Haut war, also sowohl an den Armen, als auch an den Beinen, am Rücken und am Po.

Liebe Mädels, im Wald Sex zu haben, klingt unglaublich verlockend. Ein Paar im Einklang mit der Natur... Ihr habt gelesen, wie das ablief... Die Mückenstiche waren die Hölle! Wenn ihr das ausprobieren wollt, nur zu. Denkt dann aber an ein Mückenabwehrmittel und eine bequeme Unterlage. Tipp: Im Bett ist ES am bequemsten (wenn nicht unbedingt ein Spiegel dabei ist).

Im Oktober feierte ich meinen 16. Geburtstag.

Ein paar Tage vorher fasste ich einen Entschluss und gab ihn an meinem Geburtstag Norbert preis: „Du weißt ja: Wenn ich jetzt mit dir schlafe, mache ich mich strafbar. Deshalb gibt es jetzt bis zu deinem Geburtstag im April keinen Sex mehr!"

Er war baff, ließ sich aber nichts anmerken. Noch nicht.

An Halloween feierten wir mit der Clique bei Tila, einer angeblichen „Freundin" von mir. Norbert kannte sie noch nicht und flirtete. Das machte mir noch nichts aus, denn ich flirtete auch. Aber anders. Auf der Feier lernte ich nämlich einen netten Typen kennen, der aber direkt sagte, er sei schwul. Da ich absolut nichts gegen Homosexualität habe, verstanden wir uns super und „flirteten".

Aber da ich das Sexverbot strickt durchhielt - ich wollte nicht wirklich bis April durchhalten, aber das wusste Norbert nicht - merkte ich, dass Norbert sich veränderte.

Er hatte immer weniger Zeit für mich und Tila ebenfalls. Ich wurde eifersüchtig, denn gerade Tila war dafür bekannt jeden zu nehmen. Also stellte ich Norbert zur Rede und er machte Schluss. Damit hatte sich mein Verdacht bestätigt.

Und wieder hing ich daneben.

In diesem Jahr verlor ich durch den ganzen Liebeskummer (Weinen und Appetitlosigkeit) 10 Kilo.

7 kg in der Woche, als Steffen Schluss gemacht hat und 3 kg als Norbert die Beziehung beendete.

Ich hatte im Jahr 2007 vier Beziehungen. Steffen und Norbert ernsthaft, die anderen könnte man als Trostpflaster zählen.

Nun hatte ich in meiner Klasse, die mich nie wirklich akzeptierte, den Ruf als Schlampe weg. Daher und auch aus anderen Gründen blieb ich das Jahr 2008 allein...

Liebeskummer ist schlimm. Es tut weh einen Menschen zu verlieren, den man liebt. Lasst die Trauer zu und lenkt euch mit Dingen ab, die euch gut tun. Auch eine ausgiebige Shoppingtour, mit neuen Kleidungsstücken und einer neuen Frisur, kann helfen.

Aber bitte nehmt nicht den Erstbesten, der euch schöne Augen macht.
Lasst euch Zeit.

Und noch etwas:
Einen schlechten Ruf hat man schnell weg, vor allem, wenn man nicht gemocht wird. Versucht da drüber zu stehen und die Leute, die schlecht über euch reden, zu ignorieren. Ich habe im ersten Kapitel schon etwas über die Sozialarbeiter geschrieben. Dort könnt ihr voller Vertrauen hingehen, wenn ihr mit dem „Mobben" nicht mehr zurecht kommt.

Einsamkeit & Schwärmerei

Und in diesem Jahr (2008) durchschritt ich viele Phasen.

Am Anfang stand der Liebeskummer über verflossene Typen, doch das legte sich bald.

Dann kam die Phase, in der ich mir dachte: „Hey! Endlich bist du single, mach was draus!" Diese Phase hielt schon etwas länger an, doch kein Flirt wurde zum Date und kein Date zu einer Beziehung. Warum kommen die hübschen Typen immer erst, wenn man in einer Beziehung ist? Und warum wollen die dann, wenn man wieder single ist, nichts mehr von einem wissen?

Die Phase der Resignation und Einsamkeit trat ein. Ich ging zur Schule, kam nach Hause, hockte vorm PC, spielte und ging ins Bett. Jeden Tag und am Wochenende war halt nur der Computer da und eventuell mal ein Besuch bei einem Familienmitglied. Abends lag ich manchmal stundenlang wach und weinte. Ich sehnte mich sehr nach der Zeit zurück, als ich noch einen Freund hatte. Steffen oder Norbert oder wer weiß wer...

Mitte des Jahres fasste ich neuen Mut. Ich brauchte einfach mal Luft und ging ins gegenüberliegende Jugendzentrum in meiner Straße. Dort lernte ich ein Mädchen kennen und verstand mich auf Anhieb mit ihr. Sie schwärmte von Antoine, einem neunzehnjährigen, ehrenamtlichen Betreuer im Jugendzentrum. Ich fand nichts Besonderes an ihm. Ein Typ wie jeder andere auch. Er war ca. 1,80m groß, hatte blaue Augen, schwarze Haare und volle

Lippen. Er war kräftig, aber nicht dick, sondern eher muskulös. Auf ihr Schwärmen hin, schaute ich ihn mir genauer an. Er hatte eine recht tiefe angenehme Stimme. Und für diesen Kerl schwärmte sie? Ich konnte das nicht verstehen.

Da das Mädchen und ich uns gut verstanden, trafen wir uns nun jeden Tag im Jugendzentrum, spielten Karten und lästerten über die Kinder. Wir wurden gute Freundinnen.

Aber von einem Tag auf den anderen war sie nicht mehr da. Ich ging weiterhin ins Jugendzentrum, weil ich hoffte, dass sie wiederkommt, doch das tat sie nicht. Als ich erfuhr, dass sie weggezogen war, war ich sehr traurig. Doch neugierig, wie ich war, wollte ich wissen, wie sie sich so sehr in Antoine verlieben konnte. Ich bewarb mich als ehrenamtliche Helferin im Jugendzentrum, um ins Team aufgenommen zu werden. Auch, um mehr über Antoine herauszufinden. Und auf einmal fand ich ihn gar nicht mehr so schlimm. Er hatte etwas an sich, das ihn anziehend machte. Waren es seine Augen oder doch seine Stimme? Etwas ließ mich nicht von ihm ab. Ich hatte mich selbst in ihn verknallt.

Der Gedanke, mit ihm intimer zu werden, reizte mich aufs Äußerste. Ich war total vernarrt in ihn und das von Tag zu Tag mehr. Dabei wusste ich doch, dass ich nie eine Chance bei ihm hätte. Drei Monate hing ich ihm nach. Es ging sogar soweit, dass ich zitterte, wenn ich ihn sah, mein Herz schlug Purzelbäume und meine Hände trieften vor Schweiß. Obwohl ich wusste, dass er nichts von mir wollte, musste ich auf Nummer sicher gehen. Ich war im Jugendzentrum nicht ganz im Team integriert, bzw. nur auf dem

Papier. Ich wurde zwar akzeptiert, aber nicht besonders gemocht.

Eines Tages fand ich Antoines Telefonnummer und Adresse heraus und fuhr zu ihm. Es dauerte eine halbe Ewigkeit, bis ich mutig genug war zu klingeln und bei meinen Glück war keiner da. Also ging ich zu meinem Roller zurück und wollte nach Hause fahren. Da kam Antoine mit seiner Mutter vom Einkaufen zurück und ich ergriff meine wahrscheinlich erste und einzige Chance. Die Mutter ging schon zum Haus und ich sprach alleine mit Antoine. Und was sagt eine dumme Gans wie ich?

„Ich weiß, dass ich bei dir keine Chance habe und wollte nur mal wissen, warum ich im Jugendzentrum nicht akzeptiert werde?" Er grinste, aber sagte ehrlich: „Du nervst."

Mehr braucht man dazu nicht zu sagen oder schreiben. Ab auf den Roller und nach Hause. Meine Gefühle für ihn waren, wie durch ein Wunder, von einer Minute auf die andere weg und ich war irgendwie erleichtert und lachte sogar über mich.

Ich war wild entschlossen mich nie wieder zu verlieben! Doch leichter gesagt als getan...

Liebe Mädels. Es kostet eine Menge Mut, jemandem seine Gefühle zu äußern. Aber, wenn man es getan hat, ist es unglaublich erleichternd!

Daher: Sprecht offen und ehrlich über eure Gefühle. Sowohl, wenn euch etwas nicht gefällt, als auch, wenn ihr euch verliebt habt. Versucht eure Worte so zu wählen, dass ihr damit niemanden verletzt oder schockiert.

Wenn die Worte einmal raus sind, könnt ihr sie nicht wieder zurück nehmen. Aber wartet nicht zu lange, denn Gefühle (sowohl Schwärmerei, als auch Wut) können übermächtig werden!

Der Urlaub

Traumurlaub im Sommer 2008. Meine Großeltern flogen mit mir in die Türkei. Und schon am dritten Tag lernte ich einen jungen Mann kennen. In der Hoteldisco verstand ich, aufgrund der Lautstärke, dass er 23 Jahre alt sei. Vom Alter her war das für mich in Ordnung, da ich mich mit 16 Jahren schon sehr reif fühlte.

Wir flirteten und kamen uns näher.

Ich hatte mir vorher nie Gedanken darüber gemacht, dass man im Urlaub Typen kennenlernen kann. Für mich war das Wichtigste am Urlaub immer die Animation, das Liegen in der Sonne und das Schwimmen im Pool.

Doch es gab mehr, was mir den Urlaub versüßte: Heiße Küsse am Strand, flirten an der Poolbar und nette Spielchen im Pool. Er hieß Francqua und war in Wirklichkeit 28 Jahre alt. Aber das störte mich gar nicht mehr. Ich hatte mich schon wieder verknallt. Er kam aus dem französischen Teil von Belgien und wir verständigten uns mit Händen und Füßen und auf Englisch. Er war genauso verschossen wie ich. Aber: Er wollte keinen Sex mit mir! Eine komplette Nacht lang machte ich ihn nach allen Regeln der Kunst scharf, aber er hielt sich zurück. Vielleicht lag es daran, dass wir kein Kondom hatten. Dabei nahm ich die Pille doch immer pünktlich ein! Ich fragte ihn, ob er irgendwelche sexuell übertragbaren Krankheiten (Aids, etc.) hatte, aber er verneinte. Daher war es mir das erste Mal in meinem Leben egal, ob wir ein Gummi benutzten oder nicht. Aber ihm war es nicht egal. Um 7:00 Uhr morgens gab ich auf und ging auf mein Hotelzimmer. Meine Großeltern waren krank vor Sorge und ich schämte mich. An diesem Tag fuhr Francqua zurück und viele Tränen flossen. Er versprach, mir zu schreiben und das tat er, sobald er wieder in Belgien war. Er wollte sogar Deutsch lernen und schickte mir einen „Probetext", der allerdings sehr schwer zu deuten war. Ich versuchte mich am Französischem, aber ich hatte mich in der Schule für Latein und nicht für Französisch entschieden. Nach zwei Monaten verlief aber alles im Sand, wir schrieben uns kaum noch und der Kontakt schlief ein.

Ich war wieder allein und verbunkerte mich wieder hinter meinem PC.

Liebe Mädels,
Im Nachhinein bin ich Francqua unglaublich dankbar, dass er nicht mit mir geschlafen hatte. Ich hätte es sehr wahrscheinlich nach kurzer Zeit bereut. Als ich in dieser Situation war, fühlte ich große Enttäuschung und hielt mich für unattraktiv. Aber das war nicht der Grund. Den Grund, weshalb er nicht mit mir geschlafen hat, hat er mir nie genannt, aber ich vermute, dass er ein Beziehungsmensch war. Er wollte mich nicht ausnutzen und nur des Sexes wegen rumkriegen. Er hatte sich eine feste Freundin gewünscht und das konnte ich ihm, als Urlaubsliebe, nicht geben.

Sex ohne Beziehung

Feiern waren eigentlich nichts für mich, doch diese eine Party hatte mich auf den Geschmack gebracht:

Im September lud mich eine Bekannte aus der Schule auf ihren 15. Geburtstag ein. Das erste Mal, dass ich mich nicht nur an Karneval im Gothic-Outfit zeigen konnte. Ich trug komplett schwarze Kleidung, meinen sündhaft teuren Kunstledermantel (den mir meine Oma geschenkt hatte) und viel schwarze Schminke. Meine Bekannte war ein Punk. Sie hatte bunte Haare, zerrissene Kleidung und war politisch sehr links orientiert.

Von meinen Eltern aus durfte ich sogar dort übernachten – natürlich mit vorherigem Telefonkontakt zu ihren Eltern und der Versicherung, dass es dort „nicht zu wild abging".

Meine Eltern brachten mich an diesem Abend zur Feier. Meine Bekannte wohnte in einem umgebauten Bauernhaus mit großem Innenhof, in dem die Feier stattfand. Meine Eltern begleiteten mich mit in den Innenhof, um die Eltern meiner Bekannten noch persönlich kennen zu lernen.

Den Blick von meinen Eltern werde ich bis heute nicht vergessen. Überall Bierkästen und Punks. SCHOCK! Ein herrlicher Anblick!

Aber ein Rückzug der Erlaubnis zur Übernachtung konnten meine Eltern nicht durchziehen, dementsprechend betonten sie, dass ich auch ja vorsichtig sein sollte und gingen.

Auf der Feier traf ich ein Mädchen, die ebenfalls ganz in schwar gekleidet war. Ich verstand mich gut mit ihr und wir quatschten bis 4 Uhr früh. Am Morgen tauschten wir Handynummern aus und versprachen uns zu melden.

Ein paar Tage später traf ich mich mit meinem schwulen Freund von Tila. Er hatte Liebeskummer und meinte zu mir: „Kannst du vielleicht ein bisschen mit Justin flirten? Er hat mir versprochen, dass er mir dankt, wenn ich ihm eine Freundin besorge."
Wie interessant! Was für eine blöde Logik! Ich tat ihm sogar den Gefallenen und flirtete mit ihm und es entstand sogar ein Kuss! Was für eine Verzweiflungstat!
Justin war 22 Jahre alt, schlank, hatte enorm kurze Haare und war charakterlich eigentlich überhaupt nicht mein Typ.
Einen Monat lang flirtete ich mit ihm und am Ende hatte er sein Ziel erreicht. Wir hatten Sex. Ich kann nicht behaupten, dass er gut war, doch er war auch nicht schlecht. Aber ich hatte mein Prinzip gebrochen, dass ich nie Sex ohne eine Beziehung haben werde und schämte mich dafür. Daher sagte ich zu ihm: „Erzähl es bitte keinem!" 'Das war der größte Fehler meines Lebens.', fügte ich in Gedanken noch hinzu. Doch was hatte ich erwartet? Er ging abends auf eine Feier und ich erfuhr durch eine Freundin, dass bereits alle Bescheid wussten. „Die hat mich an die Decke gebumst", soll er erzählt haben. Welch primitiver Ausdruck!
Ich war wutentbrannt und sie zeigte mir, wo die Feier stattfand. Ich war fest enschlossen, die Feier

platzen zu lassen und ging hin.

Auf halben Weg kam uns Justins bester Freund entgegen. Er grinste und hinderte mich an weitergehen. „Ein Kuss als Wegzoll", sagte er.
Ich baute mich vor ihm auf. Es war mir egal, dass er größer und stärker war als ich. Ich hatte so eine Mordswut im Bauch! Er besaß auch noch die Dreistigkeit mich küssen zu wollen! Bin ich ein leichtes Mädchen? Ich mach es doch nur mit denen, mit denen ich es will! Ich war so wütend, dass ich ihm so derbe eine scheuerte, dass seine Wange noch Tage später meinen Handabdruck hatte, aber er ließ mich seitdem in Ruhe.
Ich tauchte zwar auf der Feier auf, aber ich kam nicht soweit, mit Justin zu reden. Ein Mädel versperrte mir den Weg. Da ich meine Wut schon teilweise bei seinem besten Freund abreagiert hatte, wollte ich mich nicht mit ihr prügeln und frei nach dem Sprichwort: „Der Klügere gibt nach" zog ich wie eine Katze meine Krallen ein und ging nach Hause. Es verging kaum Zeit, da war die ganze Show gelaufen und das Gothic-Mädel, das ich auf der oben erwähnten „Punk-Geburtstagsfeier" kennen gelernt hatte, lud mich zu ihrem Geburtstag ein und ich konnte zum ersten Mal so sein, wie ich wollte...

Hey Mädels,
Ich hatte früher einmal das Prinzip: Habe niemals Sex, wenn du nicht in einer Beziehung bist.

Hier hatte ich mehr mit mir selbst zu kämpfen, als dem Typen einen Vorwurf zu machen.

Klar war es sehr frech von ihm, dass er unser „Geheimnis" seinen Freunden erzählt hat, aber eigentlich war ich mit mir selbst im Konflikt, weil ich gegen mein persönliches Prinzip verstoßen hatte.

Dieses Prinzip habe ich über Bord geworfen.

Ob ihr dieses Prinzip leben wollt, müsst ihr für euch selbst entscheiden!

Eine lange Beziehung

Unter den Spitznamen „Nyxe" kannte mich inzwischen jeder meiner neuen Freunde, die ich durch die „Punk-Geburtstagsfeier" kennen gelernt hatte. Ich setzte bei jeder Feier meine Gothic-Maske auf, stellte mich mit ein paar kleinen Zaubertricks in den Mittelpunkt und wirkte unnahbar. Da ich sofort in die Clique aufgenommen wurde, fühlte ich mich wie zu Hause und amüsierte mich prächtig. Ich hatte immer Spaß, obwohl ich noch nicht alle Namen kannte. Die meisten trugen Spitznamen. Erst nach und nach lernte ich sie kennen. Es war schon eine verrückte Zeit.

Unsere „Partys" fanden immer auf einem Schulhof statt, der teilweise überdacht war. Wir achteten darauf, keinen Müll zu hinterlassen, damit der Hausmeister nicht auf uns aufmerksam wurde. Wir hatten auch Musik dabei, entweder über Handy mit Verstärker oder mit einem „Ghettoblaster". Zum Teil haben wir dort auch mit einem kleinen Standgrill gegrillt.

Am Freitag, den 13. Februar 2009 flirtete ich mit einem Typen namens Torben. Es war ein kühler Tag und ich kuschelte mich an ihn. Als es am Schönsten war, musste ich nach Hause. Ich kannte ihn kaum und wusste wenig über ihn, dennoch war er mir sehr sympathisch.

Genau einen Monat später, am Freitag, den 13. März 2009, sah ich ihn wieder, wieder war mir kalt und wieder wärmte er mich. Da erst nahm ich ihn auch wirklich wahr. Er trug eine Uniform von der

Feuerwehr, was ihn unglaublich gut aussehen ließ. Er war groß, kräftig, hatte dunkle, kurze Haare und blaue Augen. Er hatte eine freundliche, offene Art, die mich sehr ansprach. Auf dieser Feier entstand auch der erste Kuss mit ihm. Ich stand vor ihm und hatte mich mit in seine Jacke gekuschelt. Wir schauten uns lange in die Augen und unsere Lippen trafen sich. Dann kuschelten wir uns mit auf die Decke, auf der schon vier andere lagen. Dort saß ich auf Torbens Schoß und wir küssten uns abermals. Mehr als das war an diesem Abend nicht passiert. Als ich nach Hause musste, tauschten wir noch schnell unsere Handynummern aus. Die nächsten Tage simsten wir und machten ein Treffen aus. Am Dienstag, dem 17. März 2009 sollte es sein. Wir verbrachten einen wunderschönen Tag und noch am selben Abend kamen wir zusammen.

Die ersten Monate verliefen super. Wir lernten uns besser kennen und hatten auch recht guten Sex. Es tat mir aber immer weh, weil sein Penis sehr groß war. Trotzdem versuchte er zärtlich zu sein und wir hatten meistens ein sehr langes Vorspiel, damit ich auch feucht genug war, damit er mit seinem großen Schwanz in mich eindringen konnte.

Wir hatten auch Sex an anderen Orten, unter anderem in der Dusche und im Auto, als immer nur im Bett. Allerdings war die Dusche bei einem körperlichen Größenunterschied sehr schwierig und ein Auto, auch wenn es ein Kombi war, war enorm unbequem und eng!

Nach einiger Zeit fiel mir auf, dass wir fast keine gemeinsamen Hobbys hatten und ich bemerkte, dass wir uns auf verschiedenen Gesprächsebenen bewegten. Er machte seine Ausbildung zum Gartenlandschaftsbauer und ich war auf mein Abitur konzentriert.

Das stimmte mich traurig. Ich ließ mich total hängen und plötzlich war die Schule nicht mehr so wichtig wie Torben. Nach meinem 18. Geburtstag wurde ich oft krank; von Magen-Darm-Infekten über Grippe und Erkältungen. Durchfall, Seitenstrangangina, Kopfschmerzen/Migräne....

In der Schule verpasste ich sehr viel und letztendlich kam ich gar nicht mehr mit. In dieser Zeit hatte ich sehr viele Streitigkeiten mit vielen Leuten; mit meinen Eltern, mit meinen Freundinnen und mit Torben. Letztendlich wendeten sich alle Freundinnen von mir ab und ich hatte nur noch Torben. Aber auch die Beziehung mit ihm lief nicht gut.

Es war kurz nach Weihnachten, da stritten Torben und ich uns so sehr, dass ich Schluss machte. Mir wurde alles zu viel und ich fühlte mich missverstanden. Doch nachdem die Worte „Es ist aus" über meine Lippen kamen, bereute ich sie schon wieder und dachte an unsere Zeit zurück.

Das „Viermonatige" bei dem er mich zum Essen eingeladen hatte und mir einen Heiratsantrag machte, den ich allerdings ablehnte („Wir sind noch jung. Ich möchte nicht heiraten" - unseren Freunden täuschten wir trotzdem vor, dass wir uns verlobt hatten)...

Der Sex im Auto, bei dem wir so Angst hatten, erwischt zu werden...

Der Sonnenuntergang am See, den wir am Anfang unserer Beziehung erlebten...

Ich bereute es und er wollte mich auch zurück. Nachdem sich die Gemüter also beruhigt hatten, kamen wir wieder zusammen. Keiner wusste von diesem Streit. Doch die Gewohnheit stellte sich bei uns ein. Wir sahen uns nur noch am Wochenende, da ich für das zweite Halbjahr der 12. Klasse richtig pauken wollte. Nach Karneval 2010 lagen fünf Klausuren hintereinander an und ich lernte wie eine Verrückte. Nach der fünften Klausur brach ich zusammen. Ich hatte einen Kreislaufzusammenbruch (circle-run-together-brake wie bei uns in der Schule gescherzt wurde) und da stand für mich fest: Ich schaffte die 12. Klasse nicht. Ich fasste den Entschluss die Klasse zu wiederholen, da ich ein gutes Abitur machen wollte.

Seit dieser Entschluss gefasst war, ging es mir nach und nach besser. Zwar hatte ich noch Tage in denen ich Migräne hatte und es mir schlecht ging, doch ich merkte, dass der Druck nicht mehr so groß war. In dieser Zeit beschäftigte ich mich viel mit Torben. Es war so vieles zur Gewohnheit geworden. Auch das gemeinsame Hobby, das wir gefunden hatten, das Angeln, gab keinen Pepp mehr in die Beziehung.

Hinzu kam, dass ich alle Freundschaften vernachlässigt hatte und mir nur noch wenige Freundinnen blieben, mit denen ich über Torben reden konnte. Viele distanzierten sich von mir, weil ich mich nicht gemeldet hatte, als ich glücklich war.

Meiner „besten Freundin" ging es zu diesem Zeitpunkt gar nicht gut und ich war nicht für sie da. Wieso sollte sie dann für mich da sein, als es mir schlecht ging?

Liebe Mädels.

Es ist ganz normal, dass man sich von Freundinnen distanziert, wenn man in einer Beziehung ist, aber versucht weiterhin Kontakt zu halten (haltet euch z.B. einen Tag in der Woche frei, um euch mit eurer Freundin zu treffen), da ihr sonst den Ruf bekommt, eure Freundinnen nur auszunutzen, indem ihr nur Kontakt habt, wenn es euch schlecht geht. Eine Freundschaft beruht auf Gegenseitigkeit. Man teilt sowohl gute Zeiten als auch schlechte Zeiten miteinander.

Und noch etwas:

Wenn ihr merkt, dass eure Beziehung keinen Sinn mehr hat, weil ihr nichts Gemeinsames teilen könnt oder ihr euch nicht mehr unterhalten könnt, dann geht und zieht den Schlussstrich durch. Fairnesshalber solltet ihr vorerst versuchen, mit eurem Partner ausgiebig zu reden und vielleicht etwas finden, das euch wieder zusammen bringt. Sollte er sich aber auf das Gespräch nicht einlassen und gar nichts ändern wollen, dann geht.

Das erspart euch unnötigen Stress.

Genauso wie eine Freundschaft beruht auch eine Beziehung auf Gegenseitigkeit. Wenn ihr das Gefühl habt, dass ihr die Einzigen seid, die etwas für die Beziehung tun, dann solltet ihr das offen ansprechen. Ändert sich nichts und euer Partner hat keine Lust, mehr für die Beziehung zu tun, dann solltet ihr euch nicht kaputt machen. Entweder ihr akzeptiert dies, lasst die Beziehung laufen, tut selbst nichts mehr für euren Partner und lebt euch nach und nach auseinander. Oder ihr zieht gleich den Schlussstrich, sodass ihr die „Last der Beziehung" nicht mehr tragen müsst.

Das Rollenspiel

Ca. ein halbes Jahr dauerte es, bis wir uns gänzlich auseinander lebten. Der Sex schlief ein. Im wahrsten Sinne des Wortes. Da ich keine sexuelle Lust mehr verspürte, nahm er mich, während ich schlief. Gelegentlich wachte ich auf, aber ich sagte nie etwas, da ich Angst hatte.

Nach Ostern wollte ich mich von ihm trennen, weil ein sexuelles „Spiel" ausgeartet war.

Wir probierten ein Rollenspiel aus. Ich war das Opfer, er der Vergewaltiger. Es war erregend, wie er mich dominant nahm. Er warf mich aufs Bett, zog mich aus, hielt mich an den Handgelenken fest und drang ein.

Bis dahin machte mir das auch noch Spaß, doch dann artete das „Spiel" aus. Er rutschte mit seinem großen Penis ab und nahm mich von hinten. Ich schrie und rief: „Nein! Lass das", doch er interpretierte dies weiterhin als „Spiel".

Als ich zu Weinen begann, bemerkte er, dass ich das nicht mehr als Spiel sah und stoppte.

Doch das zerbrach mein Vertrauen. Es tat ihm Leid und ich verzieh ihm, doch ich hatte noch lange Schmerzen im Hintern, vor allem beim großen Geschäft.

Zudem hatte ich Angst mich zu trennen, da er mich immer wieder nachts nahm, während ich schlief.

Liebe Mädels,

Tipp 1: Wenn ihr euch auf ein sexuelles Rollenspiel einlasst, macht ein Codewort aus, das das Spiel beendet, wenn ihr etwas nicht wollt. Sucht euch, zum Beispiel zwei Farben (gelb und rot), aus, die ihr dann nennt, wenn es euch zu weit geht. Gelb steht dann für „Vorsicht" und rot für „Abbrechen".

Tipp 2: Wenn ihr merkt, dass euer Freund mit euch etwas tut, das ihr nicht wollt, z.B. im Schlaf über euch herfallen, dann sprecht es an und zieht einen Schlussstrich.
Natürlich ist das mit sehr viel Angst verbunden. Vielleicht wäre es sinnvoll, sich hier Hilfe zu holen.
Ihr könnt euch an Freunde und Familie wenden, oder auch an die *Nummer gegen Kummer.*

Der Dreier

Kurz nach dem missglücktem Rollenspiel, wollte Torben es wieder gut machen und mir einen sexuellen Wunsch erfüllen.

Ich hatte den Traum von einem Dreier mit zwei Männern. Ich stellte mir vor, von beiden Seiten verwöhnt zu werden. Ich träumte davon, wie die beiden Männer meine Haut mit Küssen bedeckten und, dass ich, während der eine in mich eindrang, mit dem anderen knutschte. Nach meinem ersten Orgasmus wird dann getauscht, sodass der eine sein „Nachspiel" hat und der andere auch zum Orgasmus kommt.

Aber wie immer, sollte dies nur ein Traum bleiben.
Wir trafen uns an dem Tag bei Achim. Achim war ein Ex-Freund von einer Freundin mit dem ich auf einer Feier mal heftig geknutscht hatte. Ich wusste, dass er für sexuelle Spiele sehr offen war und daher fragte ich ihn.

Wir fuhren also zu Achim und zuerst war auch alles gut. Torben lag links von mir, Achim rechts. Die beiden Jungs küssten und verwöhnten meinen Körper. Dann zog mich Achim auf sich, während Torben sich selbst befriedigte. Kurz bevor wir gemeinsam zum Orgasmus kamen, brach Torben die Erfahrung ab, weil er „sein Mädchen nicht auf einem anderen Kerl sehen kann". Vor allem dann nicht, wenn er sehe, dass es ihr gefalle. Ich war stinksauer. Er wäre ja danach dran gekommen (so à la „das beste kommt zum Schluss"), aber er riss uns auseinander und das kurz vorm gemeinsamen Höhepunkt!

Wir zogen uns an, verabschiedeten uns von Achim und fuhren. Mir war das ganze so peinlich. Ich schämte mich so sehr, dass ich den Kontakt zu Achim gänzlich abbrach.

Liebe Mädels.

Ein Dreier hört sich in sexuellen Fantasien wunderbar an. Man wird nicht nur von einer Person verwöhnt, sondern gleich von zwei.

Aber leider sind Fantasien nicht die Realität. Wenn ihr einen Partner habt, der sich auf so etwas einlassen möchte, tut es nicht, wenn eure Beziehung den Grundsatz „Treue" enthält. Es tut genauso weh, wie fremdgehen. Ich kann Torbens Reaktion gut nachvollziehen, auch wenn ich in dem Moment enttäuscht war, aber versetzt euch mal in seine Lage. Ihr habt einen Dreier mit zwei Frauen und seht, wie euer Freund Spaß daran hat, eine andere Frau zu nehmen. Wärt ihr da nicht auch eifersüchtig? Und wäre euer Vertrauen in ihn dann nicht auch zerbrochen?

Also lasst euren Dreier, wenn ihr in einer Beziehung seid, in eurer Fantasie.

Schluss

Im Jahre 2010 kamen wir vom Angeln wieder und waren bei einem Freund zu Hause. Dort wollte ich die Beziehung beenden.

Ich bat Torben mit in ein anderes Zimmer zu kommen, damit ich mit ihm reden könne. Dort sagte ich ihm, dass ich die Beziehung nicht mehr weiterleben könne und dass Schluss ist. Er schaute mich geschockt an, dann änderte sich sein Blick. Ich habe noch nie so einen Blick gesehen. Ich versuche ihn zu beschreiben: Seine Augen waren weit geöffnet, während die Muskulatur um sie herum zusammengekniffen war. Sein Blick war starr auf mich gerichtet. Er grinste, doch sein Grinsen erreichte seine Augen nicht. Diesen Blick habe ich noch nie bei ihm gesehen. Ich war starr. Er kam auf mich zu, fasste mich an den Schultern und drückte mich in die Knie. „Dann können wir ja noch einmal miteinander schlafen. Als Abschiedsfick sozusagen", flüsterte er in mein Ohr. Ich war geschockt. Er legte sich auf mich, sodass ich nach hinten auf den Rücken fiel. Während er seine Hose öffnete, fand ich meine Sprache wieder: „Wir sind hier bei deinem Kumpel. Willst du mich wirklich hier vergewaltigen?" Das war das erste, das mir durch den Kopf ging. Plötzlich war er wie ausgewechselt. Er schüttelte den Kopf, schloss seine Hose und gab mich frei. Ich atmete tief durch und ging kreidebleich zu seinem Kumpel zurück. Er schaute mich entsetzt an, aber ich schüttelte nur den Kopf.

Ich fuhr erst einmal nach Hause. Und doch, ich weiß nicht warum, kamen wir vier Tage später wieder zusammen. Ich kann es euch nicht erklären.

Wahrscheinlich deshalb, weil ich nicht alleine sein wollte und es zu Hause nicht aushielt.

Torben bemühte sich, mich zurück zu bekommen und er schmeichelte mir, weshalb ich schlussendlich auf ihn einging.

Wir gingen wieder öfter angeln und das war ein guter Ausgleich. Und doch wurde ich die Angst nicht los, dass wieder was passiert. Aber ich konnte nicht wieder Schluss machen, da ich voller Panik an die letzte Situation dachte. Dennoch suchte ich nach einem guten Zeitpunkt zu gehen. Jedoch kam dieser nicht. „Nach dem Urlaub, den wir für Ende Juli gebucht haben", schwor ich mir. „Solange hältst du noch durch. Dann machst du Schluss."

Von Tag zu Tag quälte ich mich mehr. Immer, wenn er sagte: „Ich liebe dich", fühlte ich mich wie ein, in die Ecke gedrängtes, Tier. Ich log: „ich dich auch", damit er mich in Ruhe ließ. Ich konnte mit dieser Lüge nicht leben. Mein schlechtes Gewissen und meine Angst quälten mich. Wenn er dann sagte: „ich liebe dich" erwiderte ich einfach nichts mehr und 'überhörte' seine Liebeserklärung. Gott sei dank, ging er darauf nicht ein. „Anfang August ist alles vorbei", sagte ich mir immer wieder. Denn da kamen wir aus dem Urlaub zurück. Aber jetzt kam erst mal sein 20. Geburtstag. Drei Tage später hatte ich für ihn eine Überraschungsparty geplant. Als Freund mochte ich ihn ja, wenn da nicht das Intimleben noch wäre, was mir eher wie eine Pflicht vorkam als wie ein freudiges Erlebnis.

An seiner Überraschungsparty gingen mir die Augen richtig auf. Ich war sauer, weil Torben schon zu Hause war, bevor die Feier anfing, weil ich ihn um Zeit zu schinden, noch zu meiner Mutter schickte, um eine Tasche mit Dingen, die ich vergessen hatte, zu holen.

Er hatte die Tasche in der Küche abgestellt und war wieder weggefahren. Währenddessen war ich noch zwei Gäste von der Bushaltestelle abholen.

Das hatte ich irgendwie anders geplant.

Als ich die Tasche mit den vergessenen Dingen sah, war ich so sauer, dass ich ihn anrief und ihm sagte, er solle seine Feier alleine machen. Er hatte gar nicht mitbekommen, dass ich für ihn geschmückt hatte. Später kam er dann wieder nach Hause. Da waren dann schon die ersten Gäste da. Ich ignorierte ihn und feierte. Nach und nach trafen immer mehr Leute ein. Und ein Gast, ein Typ namens Marcel, munterte mich total auf.

Es war nämlich so, dass es plötzlich einen großen Regenschauer gab und wir schnell die Bierzeltgarnituren in die Garage räumen mussten, um nicht nass zu werden. Nach diesem Schauer leuchtete die Sonne die Wolken an und der Himmel erstrahlte in den schönsten Farben. Rot, lila, rosa, violett und blau-grau. Es war ein wunderschönes, romantisches Bild. Anstatt, dass Torben zu mir kam und mit mir dieses romantische Bild genoss, legte Marcel den Arm um mich und bewunderte mit mir gemeinsam den Himmel. Torben sagte lediglich: „Ja, ist schön" und ging wieder. Es interessierte ihn auch nicht, dass Torben seinen Arm um mich gelegt hatte.

Durch diesen Typen ging mir ein Licht auf. Ich konnte flirten ohne ein schlechte Gewissen zu haben.

Am nächsten Tag machte ich mit Torben Schluss. Ich sagte ihm, dass ich mich in einen anderen verknallt hatte, packte meine Sachen und ging ohne ihn reden zu lassen. Und er ließ mich gehen.

Liebe Mädels, ich hoffe, dass ihr diese Situationen nie miterleben müsst.

Tipp 1: Macht an öffentlichen Plätzen Schluss (Café o.ä.), dort könnt ihr euch Hilfe holen!

Tipp 2: Sollte euch etwas Schlechtes widerfahren, dann geht. Haltet euch von dem Menschen fern und geht nicht wieder auf ihn ein!

Tipp 3: Es war sehr unfair von mir, erst Schluss zu machen, als ich einen „Neuen" hatte. Ich hatte im Vorfeld ja bereits gemerkt, dass in der Beziehung etwas nicht stimmt. Scheut euch nicht vor der Einsamkeit, macht rechtzeitig Schluss, bevor ein anderer Mann in euer Leben tritt. Das ist eurem Partner gegenüber wesentlich fairer.

Tipp 4: Habt keine Angst vor Veränderungen. Allein sein muss nichts Schlechtes sein, ihr könnt euch um euch selbst kümmern und habt Freiräume, die ihr in der Beziehung nicht habt.

Eine Überraschung

Nach der Feier hatte ich Kontakt zu Marcel. Er war mir sehr sympathisch. Marcel sah nicht schlecht aus, er war ca. 1,70 m groß, schlank, trug eine Brille und hatte blonde Haare. Charakterlich war er freundlich, nett und zuvorkommend. Auf Torbens Überraschungsparty war etwas zwischen uns entstanden, das wir uns nicht erklären konnten. Ich wollte ihn besser kennen lernen und nachdem ich mit Torben Schluss gemacht hatte, konnte ich mir auch mehr mit ihm vorstellen. Es war das erste Mal nach langer Zeit, dass ich wieder Lust verspürte.

Lust auf Sex. Einen Tag nachdem mit Torben Schluss war, traf ich mich mit Marcel bei ihm zu Hause. Ich weiß nicht warum, aber irgendetwas war an diesem Typen, das mir sagte, ich könne ihm voll und ganz vertrauen. Ich fühlte mich stark zu ihm hingezogen. Es war 11:30 Uhr als ich mit Brötchen vor seiner Tür stand. Ich war den ganzen Weg, das sind ca. 10 km, mit Inlinern zu ihm gefahren und war ein wenig erschöpft. Als er die Tür öffnete, umarmten wir uns zur Begrüßung innig und deckten gemeinsam den Frühstückstisch. Es war alles so anders als mit Torben. Marcel hatte eine eigene Wohnung und war Nichtraucher. Er arbeitete als Krankenpfleger und war unglaublich einfühlsam, freundlich, zuvorkommend und ich konnte mich sehr gut mit ihm unterhalten.

Nach dem Frühstück landeten wir im Bett. Es war sehr schön. Da wurden meine Fantasien (teilweise) wahr. Er griff nicht direkt in meinen Intimbereich, sondern strich zärtlich über meine Haare, liebkoste meinen Körper mit seinen weichen Händen und seine Küsse machten Lust auf mehr. Es war unglaublich, wie sanft und zärtlich ein Mann sein konnte! Ich wusste, dass ich nur ein Wort sagen brauchte, damit er aufhörte, wenn es mir nicht mehr gefiel. Doch warum sollte ich etwas verneinen, das mir gefiel? Es war wundervoll. Diese Sanftheit, diese Zärtlichkeit. Das war etwas, das ich noch nie zuvor erlebt hatte.

Ich hatte mich verliebt und wenn ich es nicht besser wüsste, hätte ich gedacht, dass er mich auch liebte. Doch er stellte klar, dass dies für ihn nur eine „Freundschaft mit gewissen Vorzügen" war. Ich wünschte mir, dass aus seiner Freundschaft noch mehr werden würde.

Das war die Überraschung, die ich nach 18,5 Jahren erleben durfte! Es sind nicht alle Männer schlecht!

Doch auch der liebe, nette Marcel war scheinbar gar nicht so lieb. Bei der Bettgeschichte oben kam es leider nicht zu einem Orgasmus meinerseits. Sehr kurz nachdem er mit seinem Penis in mich eindrang (nach zwei oder drei Stößen), war er gekommen. Er versuchte mich, mit der Hand zu befriedigen, was ihm aber nicht gelang. Da er mir Leid tat, spielte ich das erste Mal in meinem Leben einen Orgasmus vor.

Danach brach er den Kontakt ab, indem er meinte, er hätte zu viel Stress um die Ohren. Ich ging ihm schon mit einer SMS „wie geht es dir?" enorm auf die

Nerven.

Ich war zwar traurig, doch sein Kontaktabbruch verlief schleichend über mehrere Wochen. Wir trafen uns nach dem ersten Sex nur noch 2 Mal, dann schrieb er mir einmal in der Woche zurück, dass er keine Zeit habe. Nach und nach meldete er sich gar nicht mehr. Und wenn man Gerüchten aus zweiter Hand Glauben schenken sollte, war ich wohl nicht die einzige „Bettgeschichte", die er zeitgleich hatte. Somit war Marcel für mich abgeschrieben.

Während die Geschichte mit Marcel lief, fuhr ich mit meinem Ex (Torben) in den Urlaub. Es war eine große Überwindung für uns beide, doch wir hatten die Zugfahrt schon bezahlt und keine Reiserücktrittsversicherung abgeschlossen, sodass wir als „Freunde" trotzdem gemeinsam fuhren. Es war mein erster Urlaub ohne (Groß-) Eltern. Die Woche verlief erstaunlich gut. Wir waren freundlich und nett zueinander, wie gute Freunde. Wir hatten auch keinen Sex und das, obwohl wir in einem Bett (mit zwei Matratzen) geschlafen haben. Meine große Sorge war vorher, dass er mich wieder nimmt, während ich schlief, daher blieb ich immer sehr lange wach, bis ich sein Schnarchen hörte. Es passierte – Gott sei Dank – nichts.

Am Ende des Urlaubs meldete sich Marcel dann gar nicht mehr bei mir und ich begann Torben zu vermissen. Im Urlaub war er so nett, so freundlich. Eine ganz andere Art – wie noch zu Beginn unserer Beziehung damals. Ich traf mich noch ein paar Mal mit ihm und wir landeten sogar zweimal (mit gegenseitigem Einverständnis) im Bett, doch es änderte nichts an meiner Gefühlslage zu ihm: Freundschaft ok, aber keine Liebe mehr.

Da kam Axel ganz gut. Auch ein Freund von Torben, aber das war mir egal. In einer Streitsituation sagte Torben einmal zu mir: „Dann vögel dich durch deine und meine Stadt" (wir wohnten in zwei verschiedenen Kleinstädten), doch ich konterte: „Ne, ich beschränke mich lieber auf deinen Freundeskreis"

Leider bewahrheitete sich dieser Satz (er hatte ja nicht so viele Freunde)...

Liebe Mädels,

Ich habe lange gebraucht, um zu lernen, dass ich auch alleine sein kann.

Manchmal trügen einen die Gefühle, wenn man glaubt sich „verliebt" zu haben. Kann man direkt nach einer Beziehung wirklich starke Gefühle für einen anderen empfinden?

Lasst euch Zeit, wenn ihr eine Beziehung beendet habt.

Der Sex mit Marcel war schön, keine Frage, aber sollte man dies nicht in einer Beziehung genießen können?

Die Wohngemeinschaft

Gegen Ende des Sommers 2010 kamen ein Freund von Torben, Axel, und ich kamen uns mehrmals näher und hatten ein paar Mal ziemlich heftigen Sex (zum Teil mit blutzerkratztem Rücken und einer ziemlich wunden Vagina).

Der Sex war weder total gut, noch grottenschlecht.

Es war ein lustiges Abenteuer für ein Wochenende, das ich nie vergessen werde!

Er wohnte in einer WG. Zwei Mädels und zwei Jungs (wobei einer, namens Campino, auf Tour war). Ehemalige Paare, die sich als Freunde aber noch gut verstanden. Die Mädels hatten neue Partner und Axel hatte mich (allerdings ohne die Last einer Beziehung).

Es war in sexueller Sicht eine sehr offene WG. Die Türen hatten keine Schlüssel, bzw. wurden prinzipiell offen gelassen, egal, was darin gerade statt fand. Als Axel und ich wieder einmal Sex hatten (ich wollte die Tür aber geschlossen lassen), platzte ein anderes Pärchen rein und rief laut: „Halbzeit! Stellungswechsel!" Da die Atmosphäre enorm offenherzig war, war mir das nicht so peinlich.

Nur ein bisschen.

Das Paar blieb so lange im Türrahmen stehen, bis Axel mich packte und mich auf den Rücken warf. Dann ging es weiter.

Man hörte alles durch die Wände. Und wenn drei Paare auf einmal auf der Etage Sex hatten, hätte man meinen können, man wäre in einem Bordell.

Von links kam Stöhnen und von rechts. Bis man plötzlich einen dumpfen Stoß hörte und ein lautes „Aua". Anschließend ein lautes Lachen und wieder Stöhnen. Da wir vorher auf einer Feier waren und Axel und ich auch Alkohol getrunken hatten, machten wir das Gleiche, was die vier anderen Menschen im Haus taten. Wir hatten Sex, stöhnten laut und versuchten die anderen zu übertönen, was nur dazu führte, dass die anderen noch lauter wurden.

Am Sonntagmorgen gab es „Frühsport" (Sex) und anschließend Frühstück. Ein total verrücktes Wochenende ging zu Ende.

Am Dienstag fuhr ich wieder hin und diesmal war auch der zweite Mann im Haus. Campino und ich konnten uns damals auf den Tod nicht ausstehen. Es war ein Schock für ihn, mich in seinem Haus zu sehen (ursprünglich wollte ich, bevor er kam, weg sein, doch Axel hielt mich zurück).

Doch er vergaß seine Vorurteile und begann ein normales Gespräch mit mir zu führen, indem er mich fragte, warum denn mit Torben Schluss sei. Dazu musste ich (wie ihr vorher lesen konntet) weit ausholen und warum sollte ich ihm nicht alles über seinen 'Freund' („Bruder") erzählen?!

Mitten in dem, mir persönlich sehr wichtig gewordenem, Gespräch kam Besuch für die WG. Campino fragte mich, ob ich denn nicht bei ihnen übernachten möchte. Axel könne mich dann morgen zur Schule fahren.

Ich bejahte und versuchte meine Mutter zu erreichen. Da sie nicht ans Telefon ging, sprach ich ihr auf die Mailbox. Diese rief mich kurz darauf zurück und bestand darauf, dass ich nach Hause kommen sollte. Daraufhin entfachte ein sehr großer Streit zwischen meiner Mutter und mir. Nach zwei Stunden, in denen ich auch mit der WG einkaufen war, hatte ich darüber nachgedacht und meiner Mutter die Tatsache an den Kopf geknallt, dass ich über Nacht weg bliebe. Diese war nicht sonderlich begeistert, doch erstens hatte sie keine Adresse und zweitens war ich über 18 (fast 19).

Da dadurch ein großer Streit vom Zaun brauch, blieb ich direkt eine ganze Woche in der WG. In dieser Woche führten Campino und ich eine geheime Liebesbeziehung. Axel merkte, dass ich Gefühle für Campino hatte, daher war er wieder ein „ganz normaler Freund".

Campino war unglaublich gut im Bett. Er stellte seine Belange zurück, um mich glücklich zu machen. Ich bebte vor Erregung.

Er mochte es nicht, wenn man ihm einen bläst, weil er der Meinung war, dass das die Frauen abwertet. Analsex war für ihn genauso ekelerregend, wie für mich.

Er verführte mich nach allen Regeln der Kunst. Er massierte meinen Körper so, dass ich das Gefühl hatte, dass er jede einzelne Zelle wertschätzte. Er verband mir die Augen und fesselte mich ans Bett, damit ich seine Küsse auf meinem Körper intensiver spürte. Er drang erst ein, wenn ich schon kurz vor dem Orgasmus war.

Zudem war er durch und durch ein Gentleman. Er nahm mir beim Essen die Jacke ab, hielt mir die Tür auf und rückte mir den Stuhl zurecht. Er ließ mir immer den Vortritt.

Das Einzige, was er im Gegenzug von mir verlangte war, dass ich genoss und auf meinen Körper hörte. Ich sollte mich ausgiebig pflegen und Sport machen, an meiner Figur arbeiten und lernen, entspannter zu sein. Diese Woche war die intensivste Woche, die ich je in meinem Leben gehabt habe. Er machte mir eine Badewanne zurecht, indem er nicht nur Wasser eingoss, sondern Kerzen aufstellte und den Boden mit Rosenblättern bedeckte. Und das ohne einen Hintergedanken (Sex) im Kopf zu haben. Nachdem er mich beobachtet hatte, wie ich mich auszog, sagte er, dass ich mich vollkommen entspannen sollte und ging. Nach exakt 20 Minuten kam er wieder und half mir aus der Wanne, cremte mich ein und wickelte mich in einen dicken Bademantel. Ich konnte voll und ganz entspannen. Das war wie Urlaub!

In dieser Woche ging ich auch das erste Mal in meinem Leben in die Sauna. Campino, sein bester Freund und ich. Campino schärfte mir ein, dass wir keine öffentliche Beziehung führten und so sollte ich vor seinem besten Freund nicht zeigen, dass wir was miteinander hatten. Wenn ich diese Aufgabe gut schaffte, würde er mir heute Abend danken. Ich schaffte dies, auch wenn Campino größere Schwierigkeiten hatte. Die Heimlichtuerei törnte uns beide an und er erzählte mir am Abend, dass er auch wegen mir öfter ins Eiswasser stieg.

Doch nach dieser Woche musste ich wieder zu meiner Mutter. Kaum in der WG ausgezogen, tat diese, als hätte es die Woche nie gegeben. Daraufhin ließ Campino meine Kontaktversuche eiskalt abblitzen und auch die anderen aus der WG waren sehr abweisend.

Das tat unglaublich weh!

Campino erzählte mir, dass er lieber sein Abitur nachholen möchte, als mit mir eine Beziehung zu führen. Ich war ihm wohl zu anhänglich.

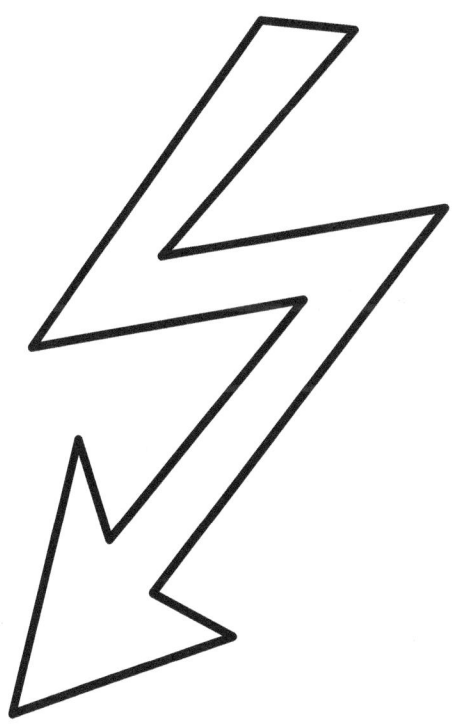

Diese Zeit war sexuell sehr interessant. Da ich mein Prinzip (Kein Sex ohne Beziehung) über Bord geworfen hatte, plagte mich kein schlechtes Gewissen. Trotzdem tat es unglaublich weh, als die WG den Kontakt abbrach und Campino keine öffentliche Beziehung mit mir wollte.

Ich habe gemerkt, dass ich in Beziehungen sehr anhänglich bin, was viele abschreckt.

Zudem habe ich eine Erfahrung gemacht:
Wenn ein Mann die Beziehung zu euch nicht öffneltich machen will, dann gibt es auf jeden Fall einen Haken. Sprecht ihn darauf an, wenn er mit irgendwelchen scheinheiligen Ausreden kommt, dann glaubt ihm nicht, sondern erwartet eine ehrliche Antwort.
Falls ihr stark genug seid, könnt ihr ihn vor die Wahl stellen: „Entweder öffentlich, oder ich gehe"

Alles Scheißegal

Single bleiben. Das war es, was ich von nun an wollte. „Warum gibt es die Liebe? Gibt doch nur schlechte Gefühle am Ende! Nein", sagte ich mir, „ich bleibe lieber Single!"

Ich arbeitete mittlerweile nebenbei in einer von Männern dominierten Raucherkneipe. Der „DJ" dort war mein Ansprechpartner. Ich heulte mich bei ihm aus und er hörte mir geduldig zu. Er wurde ein guter Freund von mir – mehr nicht.

Er war 21 Jahre älter als ich; ich war 18, er 40. Sein Name war Anton und er hatte drei Kinder von drei verschiedenen Frauen. Zudem war er schon zwei Mal verheiratet und hasste Frauen über alles. Ich gab ihm recht, aber bezog seine Aussagen innerlich auf die „netten Typen", denen ich bisher begegnet war. Anton bekam alles mit. Von der WG angefangen bis zum Streit mit meiner Mutter.

Und plötzlich, kurz nach meinem 19. Geburtstag, gestand er mir seine Liebe. „Na klar", dachte ich. „Träum weiter" Er war eher ein Typ für meine Mutter, allein vom Alter schon! Trotzdem traf ich mich häufiger privat mit ihm. Nach einigen Tagen entwickelte ich tatsächlich so etwas, wie Zuneigung für ihn. Nachdem wir einige Wochen später miteinander schliefen, war es um mich geschehen. Ich hatte mich – glaub ich – wieder verliebt. Im November 2010 kamen wir zusammen.

Zwei Jahre war ich mit Anton zusammen. Ich zog ziemlich schnell zu ihm, ging dennoch weiterhin zur

Schule.

Anfangs war der plötzliche Auszug Mittel zum Zweck. Ich wollte unbedingt weg von meiner Mutter. Meine Eigenschaften Trotz, Dickköpfigkeit und Naivität kamen mir dabei zur Hilfe. Nach und nach hätte sich alles einspielen können, doch immer kam etwas dazwischen. Mein Opa, der liebste Mensch, den ich in meinem Leben kannte, der mir in allen Belangen half und mein engster Vertrauter war, starb. Er war wie ein Vater für mich und das alles verkraftete ich nicht.

Ein Jahr später brach ich die Schule ab, lebte vom Kindergeld und vegetierte vor mich hin.

Der Sex mit Anton war ok. Er hatte aber auch eine spezielle Vorliebe. Er liebte es, wenn wir ein bestimmtes Rollenspiel spielten.

Ich sollte zu ihm kommen (am besten im Rock) und ihm „beichten", dass ich fremd gegangen sei und es mir leid täte. Ich würde alles tun, damit er bei mir bliebe. „Wirklich alles?", fragte er. Ich bejahte und er legte mich übers Knie und schlug auf meinen Hintern ein. Dann sollte ich ihm einen blasen, während er weiterhin auf meinen Hintern eindrosch. Über die Zeit nicht nur mit der Hand, sondern auch mit einer Peitsche, einem Gürtel und einmal mit einem Kleiderbügel.

Es tat höllisch weh und je mehr Schmerzen ich äußerte (Schreien, weinen), desto mehr erregte es ihn.

Ich fand dies furchtbar. Am Anfang war es ok, weil ein guter Ausgleich zwischen (meinem) „Blümchensex" und seinem „Spiel" stattfand, doch durch seine Rückenschmerzen gab es letztendlich nur noch sein „Spiel" und ich ging leer aus. Das war über die Maße frustrierend.

Daher dachte ich zu dem Zeitpunkt sogar, dass Sex ein Grundbedürfnis des Menschen ist.

Und das konnte Anton mir nicht bieten. Da ich aber bei ihm wohnte und auf gar keinen Fall zurück zu meiner Mutter wollte, blieb mir scheinbar keine andere Wahl als mit ihm auszukommen. Auf alle meine Bewerbungen zu einer Ausbildung bekam ich nur Absagen. Ich lebte ohne Ziel in den Tag hinein und wusste nicht mehr weiter. Mein Leben war ein stagnierender Stillstand. Die Zeit verlief, ich verlor mich in Computerspielen und langen, schlaflosen Nächten. Anton war auf seiner Arbeit so gefordert und seine Rückenschmerzen waren so schlimm (er weigerte sich, zum Arzt zu gehen), dass wir gar keinen Sex mehr hatten. Das ging über Monate so. Ich kapselte mich immer mehr ab, vegetierte vor mich hin und existierte nur noch, rauchte eine Zigarette nach der anderen und war unglaublich traurig. Als ich dann bei meinem Frauenarzt (ich nahm die Pille weiterhin) bei der Frage: „Frau Meier, wie geht es Ihnen?" wie ein weinendes Frack zusammenbrach, verschaffte dieser mir einen Termin bei einem Psychologen, der mir die Diagnose „Depression" ausstellte. Viel weiter brachte mich das auch nicht. Mir war mittlerweile alles scheißegal.

Doch der Psychologe nannte mir wenigstens Alternativen, was ich tun könnte. So machte ich einen Termin beim Arbeitsamt, sodass ich wenigstens finanziell wieder auf die Beine kam (bis dato lebte ich am Monatsende von trockenem Brot und Spaghetti mit Ketchup). Doch ich war hoffnungslos.

Zudem hatte ich viel zu sehr Angst Schluss zu machen. Anton warf in einer Streitsituation einmal eine Nachttischlampe aus Metall nach mir und daher traute ich ihm auch zu, wenn ich die Beziehung beendete, dass er mehr tut – so, wie Torben damals.

Mein Psychologe sagte, ich sollte mehr raus gehen. Gerade war Kirmes in unserer Stadt. Also streifte ich lustlos und hungrig durch die Buden und Fahrgeschäfte.
Dort traf ich einen alten Bekannte wieder.
Erinnert ihr euch noch an Achim?
Ich traf ihn 2012 auf der Kirmes wieder. Er begrüßte mich freundlich und lud mich zum Essen ein. Ich war ihm sehr dankbar dafür (weil ich mir gar nichts leisten konnte) und wir verabredeten uns kurze Zeit später.
Dann kam meine Verzweiflungstat. Ich dachte mir: 'wenn ich fremd gehe, dann wird Anton mich vor die Tür setzen. Dann bin ich nicht gezwungen mit ihm Schluss zu machen'. Daher ging ich mit Achim fremd. Der Sex tat mir unglaublich gut und ich fühlte mich für kurze Zeit so, als wäre ich wieder etwas wert. Daher wiederholte ich diese Tat einige Male, bevor ich mit Anton sprach. Da meine Tante in dem selben Ort wohnte, wie Achim, erzählte ich Anton, dass ich bei ihr sei. Meine Tante wusste um meine Situation und deckte mich.
Dann kam der Tag als ich den Mut hatte, Anton zu erzählen, dass ich einen anderen hatte. Und statt das er mich vor die Tür setzte, wollte er mich heiraten. Ich verstehe diese Reaktion bis heute nicht. Es war ihm scheißegal, ob ich einen anderen hatte oder

nicht, Hauptsache ich bliebe bei ihm. Das war so ein großer Schock für mich, dass ich Achim in den Wind schoss und bei Anton blieb (wie dumm war ich damals eigentlich?)

Ich versuchte mit Anton über unsere Beziehung zu reden, doch zumeist endete dieses Gespräch in Streit. Meistens war dann ein Tag wieder „alles gut", am nächsten war aber alles wieder so, wie vorher.

Der Stillstand machte mich wahnsinnig.
Ich wollte die Beziehung beenden und wusste nicht wie. Wo sollte ich hin? Was konnte ich tun?

So vegetierte ich ein paar Monate weiter vor mich hin und zockte im Internet.

Ihr solltet wirklich versuchen, ein gutes Verhältnis zu euren Eltern zu pflegen. Aus reinem Trotz habe ich so gehandelt, wie in diesem Kapitel (und in vielen davor). Es kann nicht immer super laufen und eure Eltern setzen auch bestimmt Regeln auf, die für euch nicht immer nachvollziehbar sind. Redet gemeinsam darüber, lasst sie euch erklären, vielleicht kommt ihr auf ein Ergebnis, das für beide gut ist.

Trotz kann sehr viel zerstören. Ich bin damals nach einigen Wochen zu Anton gezogen und habe es im Nachhinein sehr lange bereut.

Zudem ist es schwierig meinen „Fehltritt" mit Achim zu erklären. Ich bin eigentlich eine treue Seele und habe das Prinzip, niemals fremd zu gehen. Ich traute mich damals nicht, mich von Anton zu lösen. Ich war damals in einer sehr verzweifelten Lage. Als Achim kam und mir schöne Augen machte, war ich glücklich und fühlte mich vorübergehend wieder wertvoll.

Aber eine Affäre ist nicht die Lösung. Es gibt genügend andere Möglichkeiten, sich vom Partner zu lösen, als fremdzugehen. Zumal das Fremdgehen bei mir nicht das gewünschte Ergebnis hatte – eher das Gegenteil.

Durch meine Vorbelastung (Torben) fiel es mir schwer, einen Schlussstrich zu ziehen, doch ihr könnt das.

Wenn ihr euch in einer Beziehung nicht wohl fühlt, euer Partner euch nicht mehr gibt, was ihr braucht (Nähe, Zuneigung, Liebe,...) und Gespräche nichts mehr bringen, dann dürft und könnt ihr gehen.

Versucht, wie eben erwähnt, ein gutes Verhältnis zu euren Eltern zu haben, dass ihr zur Not keine Scheu habt, zurück zu gehen.

Falls das nicht geht, könnt ihr euch Rat in Frauenhäusern suchen. Dort bekommt ihr auch, ohne direkt dort einziehen zu müssen, Rat, wie ihr euch eine eigene Wohnung finanzieren könnt.

Ende gut, alles gut

Es war im November 2012, als ich begann im TeamSpeak (ein Programm mit dem man mit vielen Leuten auf der ganzen Welt kommunizieren kann) einem jungen Mann meine Leidensgeschichte zu erzählen. Er hörte mir geduldig zu und überlegte, wie er mir helfen könne. Er wohnte 500 km weiter weg und durch die Anonymität des Internets traute ich mich, ganz offen zu sein.

Wir verbrachten die ganze Nacht quasselnd zusammen am PC und redeten über alles Mögliche. Er kannte die Krankheit „Depression", da er beruflich mit psychisch erkrankten Menschen arbeitete.

Wir entdeckten unglaublich viele Parallelen in unseren Interessen und in unseren Einstellungen.

Am nächsten Tag blieben meine Gedanken bei ihm und ich wartete sehnsüchtig darauf, ihn wieder online zu sehen. Er hieß David und war 26 Jahre alt. Er war single und hatte keine Kinder. Er lebte mit einem Freund zusammen in einer WG und war mir unglaublich sympathisch. Vom Foto her dachte ich zuerst, dass er ein „arrogantes Arschloch" sei, weil er seine schwarzen Haare gestylt und einen ordentlich gepflegten Bart, der sein Gesicht umrahmte, hatte. Zudem präsentierte er sich in einer gemütlichen Pose auf dem Sofa.

Binnen zwei Tagen wurde uns bewusst, dass wir Gefühle füreinander aufbauten. Wir wussten nicht, wo das ganze hinführt, aber die stundenlangen Gespräche mit ihm taten mir gut. Er zeigte großes Interesse für alles, was ich sagte und ich fühlte mich wahrgenommen. Mittlerweile hatte ich ihn auch über Skype (ein Videoprogramm) gesehen und sein Mitbewohner hatte mir versichert „datt der ein janz lieber Junge" sei. Ich wollte ihn unbedingt kennen lernen.

So nahm ich, drei Tage nach unserem ersten Gespräch, meinen ganzen Mut zusammen und beendete meine Beziehung zu Anton, sodass ich am nächsten Tag mit dem Zug die 500 km zu David fahren konnte. Anton nahm es gefasst auf, er rechnete damit, dass dies nur wieder eine Phase sei. Ich übernachtete in dieser Nacht auf dem Sofa und nahm den ersten Zug am Morgen. Mein halbes Kindergeld für den ganzen Monat ging dabei drauf. Sieben quälende Stunden lang saß ich im Zug, ich musste fünf Mal umsteigen, bis ich endlich bei David war. Ich hatte Angst, ich hatte Vorfreude, mal weinte ich, mal lachte ich. Die Leute, die mich sahen, hielten mich bestimmt für verrückt. Aber genauso fühlte ich mich an dem Tag auch.

Vor allem, weil ich niemandem erzählte, wo ich hinfuhr. Meine Verzweiflung war groß genug, dass ich mir sagte, dass ich immer noch vor den nächsten Zug springen könne, wenn David nicht der ist, den ich im Internet gesehen hatte.

Am Nachmittag fuhr der Zug in den Bahnhof ein. Mit klopfendem Herzen stieg ich aus. David war tatsächlich dort und hielt eine rote Rose in der Hand. Wir begrüßten uns wie im Film mit einem intensivem Kuss.

Zwar beging ich wieder den selben „Fehler", noch am selben Abend mit ihm zu schlafen, aber es war wundervoll. Wir hatten den ganzen Tag geredet, ich habe meine Mutter angerufen und ihr gesagt, wo ich sei. Sie war verständlicherweise unglaublich geschockt, da ich so weit weg war, aber sie musste es hinnehmen. Am Abend, als wir dann gemeinsam im Bett lagen und kuschelten, fühlten wir uns so zueinander hingezogen, dass wir miteinander schliefen (selbstverständlich mit Kondom).

Seit diesem Tag an wohne ich bei ihm – bis heute.

Bei diesem Mann wurde ich wieder gesund. Er gibt mir Halt und ein wunderschönes Leben.

Das Wichtigste ist, dass wir uns Freiraum geben, obwohl wir zusammen wohnen. So geht man sich nicht auf die Nerven und jeder kann seinen Interessen und Hobbies nachgehen (ohne schlechtes Gewissen).
Wir reden sehr offen und viel miteinander über unseren Alltag, über Situationen, die uns passiert sind und auch über unsere Beziehung und das Sexualleben.

Wir sind mittlerweile vier Jahre zusammen und selbstverständlich hat sich der Alltag eingestellt, doch wir reden immer noch so intensiv miteinander wie zu Beginn der Beziehung. Natürlich gibt es keine Beziehung ohne Meinungsverschiedenheiten und Streit, aber David wurde nie gewalttätig und hat in so einer Situation auch nur selten die Stimme erhoben.

Liebe Mädels,

Hier endet meine Geschichte über mein Liebesleben.

Natürlich war es enorm dumm von mir, damals niemanden zu sagen, wo ich hinfuhr. Schließlich hätte David auch ein erwachsener Mann sein können, der mich verschleppen wollte, doch ich habe meinem Bauchgefühl vertraut.

Zudem war ich in einer auswegslosen Situation; erkrankt an Depressionen, leidend unter einem ignoranten Partner und unter Geldmangel und ohne Hoffnung. David gab mir diese Hoffnung zurück, weshalb ich nun auch eine Ausbildung mache und eine zweite Chance in meinem Leben bekomme.

So töricht diese Handlung war, so viel Glück hatte ich auch.

Doch ich habe durch David eines festgestellt:

**Nicht der Sex ist das Grundbedürfnis
des Menschen,
sondern die
Zuneigung
und
die Liebe
selbst.**

Nachwort

X-mal habe ich überlegt, ob ich diese Geschichte veröffentliche und mich letztendlich dafür entschieden.

All diese Ereignisse sind aus meiner Erinnerung aufgeschrieben. Wenn ein Erlebnis mal nicht exakt nachgegeben ist, dann tut mir das Leid, aber manchmal weist meine Erinnerung Lücken auf. Doch ich denke, dass diese kleinen Lücken verzeihlich sind. Zudem möchte ich darauf hinweisen, dass alle Erinnerungen subjektiv und aus meiner persönlichen Sichtweise (zu dem Zeitpunkt) aufgeschrieben sind. Ich möchte niemanden diskriminieren oder in sonstiger Weise beleidigen. Ich gebe hier lediglich meine Meinung preis, ohne bestimmte Menschengruppen verletzen zu wollen! Sollte ich dies getan haben, entschuldige ich mich hiermit!

Um rechtlichen Ärger zu vermeiden, habe ich alle Namen geändert, auch Janya Meier ist ein Pseudonym.

Das Büchlein begann ich zu schreiben, bevor ich David traf. Während ich schrieb, lernte ich ihn kennen und änderte meine Grundeinstellung Männern gegenüber.

Manche mögen mich jetzt für eine Schlampe halten, andere finden solche „spannenden Erlebnisse" bereichernd für das Leben, aber man kann nicht von allen geliebt und gemocht werden, sondern muss sein Leben auf seine eigene Weise leben.

Ich möchte euch nicht davon abbringen, Männer kennen und lieben zu lernen. Ich möchte euch mit diesem Büchlein vermitteln, dass nicht alles Gold ist, was glänzt und nicht alles gut für einen Menschen ist, was gut zu sein scheint. Jeder Mensch macht Fehler, doch jeder Mensch muss lernen, aus seinen Fehlern zu lernen.

In der Liebe ist dies schwierig, weil Gefühle übermächtig sein können. Doch Ihr könnt trotzdem lernen. Auch ich habe aus meinen Fehlern (zwar erst spät) gelernt und manche Fehler öfters begangen, doch ich habe gelernt, manche Signale richtig zu deuten.

Bitte, passt auf euch auf!

Denkt nach, bevor ihr etwas tut und seid nicht zu naiv und vertrauensvoll.

Lernt die Leute kennen, bevor ihr den Fehler macht, zu den Jungs / Männern nach Hause zu fahren, wenn die Eltern nicht da sind oder diese schon eine eigene Wohnung haben.

Es sei denn, ihr wollt Sex!

Denkt an die Erlebnisse, die ich hatte als Mahnung und Warnung. Ob nun mit Roland oder Titus, lasst euch gewarnt sein. Es gibt Männer, wie Campino oder David, die liebe- und rücksichtsvoll mit Frauen umgehen, doch es gibt genauso gut Männer, die triebgesteuert sind.

Ich wünsche euch Ersteres, doch die Erfahrungen müsst ihr nun selbst machen.

Mit diesen Worten wünsche ich euch viel Glück und viel Erfolg.

Eure

Janya Meier

P.S.:

Auch, wenn ich in diesem Büchlein nur die „Mädels" (Frauen) anspreche, möchte ich auch damit niemanden diskriminieren.

Auch Jungs dürfen dieses Buch lesen - vielleicht, um die Mädels besser zu verstehen?

Und genauso gut dürfen Erwachsene sich dieses Buch kaufen und lesen – vielleicht Eltern oder Lehrer? :-)

Rauchen

Leider ist die Nikotinabhängigkeit Teil meines Lebens. Wie ihr meinen Geschichten entnehmen könnt, war es früher cool und ich tat es, weil ich nicht genug Selbstbewusstsein hatte, um „nein" zu sagen.
Nehmt mich <u>nicht</u> als Vorbild!

Wenn man einmal dran ist, kommt man nur schwer davon los. Es ist unglaublich teuer und ist erwiesenermaßen schädlich. Zudem ist die Abhängigkeit total unangenehm, wenn man in längeren Zeitabschnitten, in denen man nicht rauchen darf (Arbeit, Kino, etc.), ständig in Gedanken bei diesem Mist ist!
Lasst die Finger davon! Denn:

Wer „Nein" sagen kann, ist stark!

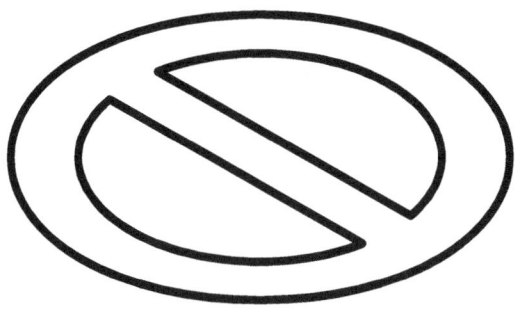

Danksagung

! Ich danke allen,
die dieses Buch gekauft haben.
Also Dir !

Zudem danke ich Jannik für die inhaltlichen Nachfragen. Dank dir wurde mein Büchlein zum Buch. Deine Fragen haben weitere Erinnerungen geweckt, die dieses Buch weiter füllen konnten!

Danke an Miriam, meinem „Rechtschreib-Teufel" für die Korrektur der Rechtschreibfehler, die mir beim schnellen Tippen viel zu leicht „pasieren".

Danke auch an Fredi und Franzi für die gemeinsame Gestaltung des Covers, der kleinen Zeichnungen und das Umformen in PDF-Dateien.

Auch, wenn wir vielleicht schlechte Erlebnisse hatten, danke ich meinen Exfreunden (und Affären) für die Erfahrungen, die ich mit euch sammeln durfte. Dank euch ist dieses Buch überhaupt entstanden!

Zuletzt danke ich meinem Freund dafür, dass er mein Leben wieder in die richtige Bahn gelenkt hat und für seine Liebe, die er mir jeden Tag entgegen bringt. Auch wenn ich mal wieder zickig bin :-)
Seit 4 Jahren stehst du nun hinter mir, du bist mein Mann fürs Leben. Danke !

Hilfestellen in Deutschland

Polizei:

110

Krankenwagen/Feuerwehr:

112

Kinder- und Jugendtelefon der Nummer gegen Kummer:

anonym & kostenlos

montags – samstags
14:00 – 20:00 Uhr:

116 111

E-Mail-Beratung 24/7:

www.nummergegenkummer.de

Zeitfracht Medien GmbH
Ferdinand-Jühlke-Straße 7
99095 Erfurt, Deutschland
produktsicherheit@kolibri360.de